目次

JN178069

第二章　**姑**編

第三章　**親**編

第四章 ご近所編

第五章 学校編

第六章 ママ友編

第七章　**職場**編

言い返す力　夫・姑・あの人に

はじめに

かわいい大人になりたいと思う。

〝かわいい〟とは、人を微笑《ほほえ》ませる魔力を指す形容詞だ。

どうしたらそうなれるのかしらと、まずは先輩の大人たちを観察してみた。その結果の大発見。

かわいい大人は話し方が率直なのだ。さらに素直で正直だ。驕《おご》りがない。

かわいい大人は自分の気持ちを飾ったり隠したりしない。むしろありのままの感情を表現するために言葉を選び、ていねいに語る。その様子が話し方から伝わってくる。だから、かわいい。奇を衒《てら》ったりしないのだ。

そもそも人間って、子どもから大人に成長するプロセスで、やたら「……すべきである」「……ねばならない」などと義務や目標などをギューギュー教え込まれる。

しかし、だ。いざ「すべきである」「ねばならない」を実行に移すとなるとあまりに大変。いつか無意識のうちに気持ちを飾ったり隠したりすることをおぼえ、持ち前の率直さを歪《ゆが》めて台無しにしてしまうのだ。

持ち前の率直さ。

それはすべての人に備わっているものだ。

たとえば誰かと会話をしていて、相手の物言いに対してあなたのこころがムカッと感じるとき、その発信元はあなたの〝率直さ本部〟なのである。飾らない隠さないをモットーとしたあなたの率直さ本部は、相手のフレーズに「失礼な！」と反撥《はんぱつ》し、ムカッを送り出す。

つまり、風邪をひいたときに出る咳《せき》みたいなものだ。

咳と同様、ムカッはあなどれない。

それがつづくと、からだとこころは弱り、顔色はパッとせず、表情は曇ってくる。

そう、ムカッは万病のもとなのである。こじらせてはまずい。

我慢をしないでその都度きちんと反応しよう。あちらが言ったことに対してこちらに言いたいことがある場合、言い返すのが自然だ。

引っかかる問題が二つある。

①ムカッときて言い返すのは、相手の言葉にたてつくようで悪いのではないか。
②言い返したいのだが、ピッタリくるフレーズが見つからない。

①も②も解決できる。
もともと会話とは言葉のボールを投げあう愉《たの》しみもあるわけで、言い返さないのはもってのほか。言い返すほうがルールにかなっているのだ。

ただし、会話はバトルではないことを心得ておこう。

また、相手や状況によって言い返すフレーズは異なる。

この本であげたいくつかの例が、あなたのムカッの解消の手がかりになったら、どんなにうれしいだろう。

そして、私たちの話し方はどんどん素直になり、かわいい大人がザクザク増えて、私たちの毎日はより活《い》き活きと楽しくなるのだ。

実はこの本にはそんな野心も込められている！

第一章

夫編

1 「おまえはヒマがあるからいいよな」と あてつけがましい

「ねえ、窓のカギ、一体いつになったら直してくれるの？」

日曜大工好きの夫が、「オレに任せて」と言ったことを当てにしてずっと待っていたけれど、かれこれ一カ月。たまりかねてあなたは口をとがらせて不満を訴えた。

すると彼はフフンと鼻で笑った。

「おまえはヒマがあるからいいよな」

その言い方は、まるで自分だけが多忙と疲労とストレスでヨレヨレになっているかのような口ぶりだ。

思わずムカッ。

「なによッ、私だって忙しいんだから！」とあなたは叫びたい。

でもそこであなたがカッカしたら、あちらの思うツボである。

深呼吸をひとつ。頭を働かせよう。

ホントのところ、彼は窓のカギの修理などすっかり忘れていたのである。だったらすぐに「ごめん！」と謝ればいいものを、それが言えない。

前の週は会社でゴタゴタつづき。

仕事上のミスがあり謝罪をさせられ、いいとこナシの日々だった。

彼は自分の乏しい〝素直さ〟を会社で使い果たしてしまい、あなたに差し出す分がないのだ。

そんなシーンこそあなたのチャンスである。

「そうそう、そうなのよ。私にはヒマがあるけど腕はないのよ。だから頼らせて。あなたの出番ばかり多くてごめんね」

相手の気分を熱く盛り上げ、彼を始動させることもまた、言い返す力の目指すところだ。

あなたの言葉に彼は言い返せず、内心でホッとして、おそらく近いうちに窓のカギを直そうと、こころにメモするだろう。

時には「君は」になったり、「あなたは」になったりもするが、呼び方を変える裏には必ず、彼の孤独や不幸の度合い、事情が存在する。

「あなたは」というときは案外濃いめの不幸の中にドップリのときだ。

耳をすませていれば、きっとそこらへんの症状に詳しくなり、「あ、今日は薄めだ」とキャッチできるようになる。

といって、そのフレーズが出たら、「何かあったの？」なんて訊《き》く習慣は持たないように。あまりに図星なので、相手はビビる。萎縮してさらに突っかかってくるに違いない。

あなたは知らんぷりを装い、陽気に言い返そう。

「ホント、私ってあなたにくらべてヒマかも。何か資格とか取る勉強しようかなあ」なんて言ってみては？

きっと彼はあわてるはずだ。

あなたの外出姿をイメージして、とたんに話題をチェンジする。未知の世界へあなたが颯爽《さっそう》と出かけるなんて想像したくないのである。

荒療治としては、あなたが時々先手を打つことだ。

「あなたは毎日忙しくていいわねえ。私はいつも、スキがあるから誘惑に弱いのよね」

彼はちょっと緊張し、あなたを見直す。

別に脅しのフレーズではないのだが、真実を述べたあなたの言葉は彼を十分脅かして余りあるのだ。

2 料理を褒めない。なのに「今日のはイマイチだな」とボソリ

友だちから教わったレシピであなたはビーフシチューに挑戦した。ちょっと無理して和牛のスネ肉をたっぷり使い、時間をかけて念入りに作った。しかし夫からの反応はない。彼は黙々と食べるのみ。

「どう？」とあなたが訊く。

「何が？」と彼。

「お味はいかが？」とあなた。

「美味《おい》しい！」を期待してのひと言だったが返ってきたのは「いいんじゃない？」だけ。

あなたはとても傷つく。喜んでもらおうとせっかくこころを込めて作ったのに、あまりに張りあいがない。だったら手を抜いたって同じじゃないか。

週末は取り込んでいたので簡単なメニューを食卓に並べた。すると夫は「なん

だ、こりゃ」と眉をひそめ、「今日のはイマイチだな」と不機嫌そう。

私はメイドじゃない！　失礼な。

彼の横柄な夫ぶりにカッカするのはもっともである。

けれど料理を作ることに興味を持つあなたが、彼の無反応ゆえに料理に興味を失《な》くしてしまったらもったいない。

言い返し方を工夫して、会話と料理の腕を磨くほうが自分のためだ。

これからは、「どう？」などと遠慮がちに訊くのではなく、「今日はミシュランの星ふたつかな」と大いにうぬぼれて、自画自賛で押しまくろう。

「あなた、美味しい！　と言ってよ。私にではなく材料すべてに対して感謝の気持ちを伝えたいじゃない？」

と誘導するのだ。

子どもたちはサラッと「美味しい、美味しい！」と言ってあなたを喜ばす。

そんなとき、「ありがとう！　そのひと言が聞きたくて、私は料理をしてるのよ」とハッキリ宣言しよう。

夫の中にその感覚を刷り込んでいくのだ。

たぶん彼は子ども時代から「美味しい！」のひと言に慣れ親しんでいないのだ。

あるいは自分の味覚に自信がないので、評価をひかえようという臆病な一面があるのかもしれない。

また、夫たるもの簡単に「美味しい！」と言うと沽券《こけん》に関わると思い込んでいる場合もある。

いずれにせよ、彼が「美味しい！」と言えるようになるまで強化レッスンだ。

夫の大好物を揃《そろ》え、「美味しい？」「うん」「だめ、美味しい！　って言わなくちゃ」と、「美味しい！」を引き出すのである。

「美味しい！」はコミュニケーションには欠かせない。テーブルを囲み、そのひと言が飛び交う家庭は温かい。

3　休日はごろごろしているだけで会話ゼロ

休日というと、夫は朝からごろごろ。

ビールを飲みながらＴＶでスポーツを観戦したり、パソコンでゲームをしたり昼寝をしたりで、あなたとの会話はゼロだ。

子どものことでいろいろ相談しても「ふーん」と面倒くさそうな表情を浮かべ、答えは返ってこない。

あなたがヘアスタイルを変えても何も言わないし、メイクをしてもしなくてもやはり何も言わない。

結婚前は「その色、似合うね」とか、着ているものについてひと言感想があったものだが、最近はまったくそうしたひと言を口にしないので、あなたのおしゃれ意欲はダウン。気持ちが落ち込む。

「○○さんの写真展、もうじき終わりよ。行ってみない？」とあなたが声をかけると、「ふーん」という応答の後、「行きたければ行ってくれば？」とまるで関心を示さない。

こんな生活がこの先ずっとつづくのかと思うとなんだかやりきれない。

もともと彼は口数が少なく、あなたは話し好き。あなたのお喋《しゃべ》りに耳を傾け、ニコニコと聞いてくれる彼に魅せられて結婚したのに、なんということだ。彼はもうニコニコどころか迷惑そうな表情であなたの話を避けている。

けれどここでちょっと冷静に考えてみよう。

結婚前、彼はあなたのハートを射止めたくて必死だった。だから苦手な会話にも頑張って参加し、あなたの話にさかんにうなずいたのである。

会話が苦手な男は何もあなたの夫だけじゃない。

ほとんどの男たちが会話は苦手だ。彼らは会社関係の事務的なことについては能弁でも、自分のこころの中を話す段になるととたんに口ごもる。

感情表現に関して、女は先駆者だ。

子どもの頃の育ち方がまず違う。

男の子が泣くと「男でしょ？　男が泣くなんておかしいわ。ダメよ、泣いちゃ」とたしなめられる。男の子は涙をこらえて、そうか、男は泣いちゃいけないのかと感情をググッと抑え込む。

女の子が泣くと「あら、どうしたの？　なぜ泣いてるの？」と理由を訊かれ、女の子は泣きながら理由を説明する。感情を抑え込むことなく言葉にしようとする。

そのあたりから男と女の感情表現力には格差が生じるのだ。

あなたの夫もそうした教育を受けて大人になった一人だろう。

彼の会話力ゼロを一方的に攻撃しないで、気長に彼を変えていこう。

彼を変えるためには、あなたが変わることだ。

あなたは彼に向かってとりとめもなくダラダラと喋っていないだろうか。

おそらく彼はあなたの話し方や内容に対して「アイツの話はいつも同じだ」というイメージを抱いていると思う。

仕事をはなれた女たちの会話は感情の流れのままにあちこちへ動き、とかくテーマを見失いがちだ。

あなたは女同士のそんな会話の習慣を夫にも求めていないだろうか。

「ねえ、会話ってどういうもの？　わたしの話し方って退屈？」

ズバリ、夫にこの質問をしてみよう。

「別に」と彼は答えるかもしれない。

けれどあなたとの会話に興味があるなら、休日にダンマリを気取るはずはないのだ。

主語、原因はあなたにもありそう。

テーマ、声の大小、トーン、言葉の量などに気を配り、あなたが自分の話し方をチェックすることだ。

あなたの変化がイコール言い返す力になる。彼は徐々に変わってくるだろう。

4　「そんなことで悩んでいるのか」と上から目線

あなたは久しぶりに中学校のクラス会に出席した。

二次会では初恋の話題になり、あなたも「実はね……」と告白。でもちょっとはしゃぎすぎた気がして、帰宅後クヨクヨ。「調子に乗って喋りすぎたかな」と夫に話す。

すると彼は「そんなことで悩んでいるのか」と上から目線でバカにした。

あなたは懐かしい面々に再会して気持ちが若やぎ、家にもどっても全身がホカホカ状態だ。楽しかったので自然に口数が多くなり、その日の一部始終を正直に夫に話したのである。クヨクヨ気分まで隠さずに話した。

それなのに、彼はあなたの気持ちを汲《く》もうとはせず、威圧的に出た。

せっかくの気分をメチャメチャにされて、あなたは悲しい。言い返す気にもならない。

一方、夫はどうか。彼もまた、あなたが自分の気持ちをわかってくれないことにムシャクシャしているのだ。

いつ帰るかな、どんな集まりだったのかな、と彼は彼なりにチラチラ想像していたのである。しかし帰ってきたあなたがあまりに楽しそうだったので圧倒されてしまったのだ。「そんなことで悩んでいるのか」のフレーズに深い意味はない。ちょっとあなたを傷つけたくて意地悪をしたまでだ。

また別のシーンで、あなたがママ友とのつきあい方で困っていると訴えたときにも、「そんなことで悩んでいるのか」と彼は言った。

なぜかを考えてみよう。おそらく彼は自分が参加していない、あなたのワールドに対して、小さなジェラシーを感じているのではないだろうか。彼自身ジェラシーを自覚できないくらい、その量は少ないかもしれない。だが、あなたをバカにして自分の立場を優位にしたいという言動には理由があるはずだ。

さあ、ムカッとしたり悲しんだりでエネルギーを消費するのはもうおしまい。これからは言い返す力で彼と対話しよう。

「そうなの私、そんなことで悩んでいるのよ。バカみたい？」

と、彼のひと言についていくのだ。

彼にしてみれば、あなたを傷つけムカッとさせるために言ったひと言にあなたがムカッとしないとなると、次の言葉がすぐには出てこないだろう。

「イヤー、バカってわけじゃないけど」としどろもどろになるに決まっている。

長年生活をともにしてきた妻のカンで、夫からその言葉が出そうになったら先回りするという手もある。

「こんなことで悩んでいるのかって言いたいんでしょ？　でも悩むと頭がよくなるんですって。悩まないとだんだんバカになるそうよ」

彼は肩をすくめて、無言。夫の機嫌が上々のときは、もう一押ししてみよう。

「あなたももっと悩んだら？」とあなた。

「オレだってしょっちゅう悩んでるよ」と彼。

「どうぞ、いつでも相談に乗るわよ」とあなた。

明るい雰囲気になったところで、すばやくお開きといこう。

5 「おまえ、いくつだと思ってるんだ?」と水をさす

子どもたちが無事成長し、あなたの手をわずらわせることが少なくなった。いよいよこれからが自分の〝ひとり時間〟だと、あなたは意欲満々。カルチャースクールのパンフレットを集め、あれこれ検討中だ。

ある日、夫に話した。

「私、エジプトに興味あるのよ。考古学とか遺跡発掘とかベリーダンスとか、面白そうじゃない? 現地に行ってみたいなあ」

すると彼のとがった声が返ってきた。

「おまえ、いくつだと思ってるんだ?」

あなたが何か奇抜なことを言うと、夫は必ず反射的にそのフレーズをぶつけてくるのだ。まるであなたの燃える好奇心の炎にザブッと水をかけるような感じで、そのたびに腹が立つ。

「いくつだっていいじゃないの。やりたいことをやりたいのよ」と言い返すものの、あなたの気持ちはスッキリしない。

それもそのはず。彼のひと言にあなたが負けてしまったからだ。

二人の会話はパターン化しているので、おしまいにはいつもあなたのムカッで終止符が打たれる。

それではいつまでたっても同じまま。彼の大人度もあなたの大人度もアップしないと思う。

根っこから改善しなくちゃ。

彼にそのフレーズを言わせないための作戦を練ろう。

「おまえ、いくつだと思ってるんだ？」のひと言が飛びだすのはどんなときか。

たぶんあなたの好奇心が元気いっぱいに輝きを放っているときではないだろうか。

たとえば流行のシースルーのシャツやジャラジャラしたネックレスでおしゃれしたときにも彼のひと言は発射されるかもしれない。

きっとあなたが彼の〝女性観〟や〝母親像〟の枠をはみ出そうとするとき、不安になってその言葉を彼は口にしてしまう。

ということは、彼自身も〝男性観〟や〝父親像〟の枠をはみ出さないように自制し、年齢に縛られているのかもしれない。

「あなた、年齢のことばかり気にすると老けちゃうよ。もっと好奇心を持たなくちゃ、気持ちが骨粗しょう症になっちゃうでしょ？　好奇心は心のコラーゲンなんだから」

彼のひと言にムカッとする前に、〝好奇心〟についてあなたの見解を述べよう。

「あなたが興味あることってなぁに？」

「オレが？　うーん、何だろうな」と彼。

「まさか、若い女の子じゃないでしょうね？」とあなた。

「な、なぜだよ？」と彼。

「だってすぐに年齢のこと言うじゃない？　自分の年齢にコンプレックスを持ってる人ほど、相手の年齢を意識するものよ」

「へえ、そんなものなのか」

「そうよ、人生って前方に何が待っているかわからないんだから、自分で自分の限界を作っちゃだめよ」

あなたの考え方に、夫はうなずくばかり。

そうした会話を経て、彼の発想が変化すれば、「いくつだと思ってるんだ?」なんてセリフはもう言えなくなるだろう。

6 私の帰宅時間に必ずケチをつける

夫が留守番をしてくれるというので、病院へ友だちを見舞う。偶然に友だちの姉妹に逢《あ》い、病院の近くのカフェでお茶をする。アッという間に一時間が過ぎた。帰りが予定より遅くなり、足を早める。

「ただいま」と玄関のドアを開けた。とたんに「遅かったじゃないか」と夫の声。どうして「お帰り」って言わないの？

どうして「彼女、どうだった？」と訊いてくれないの、とあなたはがっかりする。

後日、駅前のスーパーマーケットへ。週末なので夫は家にいた。買いものが済み、あなたは軽やかに帰宅。

すると夫は「早かったじゃないか」とボソッとひと言。

売り言葉に買い言葉で、あなたはつい「あら、悪かったかしら？」とツンケン。

もちろん、後味はよくない。

「遅かったじゃないか」「早かったじゃないか」と言われるたびに、夫が会社へ出かけている日のほうがいいなあと感じるあなただ。

では、夫の側に立って考えてみよう。

彼としたら別に深い意味はなく、ただ言葉の使い方を知らないのだ。

あなたが出かけたあと、彼は授業終了のベルを待つ小学生のようにあなたの帰りを待っていた。「まだかな、まだかな」と時計を横目でチラチラと見ては落ち着かない。

「ただいま」のあなたの声に「ああ、よかった。帰ってきた」と内心ホッとした。ところがそのうれしさを真っすぐに表現できない。「遅かったじゃないか」「早かったじゃないか」の二つのフレーズを使い分けるだけだ。

彼にとって言葉とは、自分の感情を隠すために使うものなのである。

けれどあなたにとっての言葉は、感情を隠すよりも表現するためにこそ使いたいものなのだ。

この際、あなたから彼に「異議あり！」と呼びかけたほうがいい。

「あなた、私が帰ってきたとき、遅いとか早いとか言うんじゃなく、まず『お帰り』って言ってよ。そのほうが私はうれしい」

突然の提案に彼はびっくりするかもしれない。すぐに「そうだね」「そうするよ」とは答えないだろう。

でもこれからは、それぞれが自分の感情をきちんと言葉で表現しあうことでコミュニケーションが深まる時代だ。

仕事場でも家庭でも、いっさい感情表現をせず相手が察してくれるのを待つなどという関係は成立しない。

気づいたことを妻が夫にアドバイスし、夫は妻にアドバイスする。それが素敵なカップルのライフスタイルだと思う。

ムカッと感じたら、そのムカッを我慢しないで活用しなくてはもったいない。

夫の言葉の使い方にメスを入れること。

それができるのは妻であるあなたしかいないのだから。

7　実家の悪口を言われる

あなたの夫は太平洋を見ながら育った。だから海が好きだ。釣りにもよく出かける。

一方、あなたは北国で生まれ、山に囲まれて子ども時代を過ごした。

二人が知り合った頃は、彼は海の想《おも》い出《で》について語り、あなたは山の風物について語って一緒に笑い、生い立ちの環境の違いを楽しんだものだ。

しかし、結婚して現在の都会暮らしが始まると、互いの出身地の話をして笑いあうことはなくなり、反対に喧嘩《けんか》になる場合が多い。

「おまえの家は山ン中だから、礼儀作法なんかも知らないんだよな。オレが新品の自転車を送ってやったのに、何とも言ってこないなんて失礼じゃないか」と夫。

「きっと何か理由があると思う。ケイタイも出ないし連絡がとれないけど、今に何か言ってくるはず」とあなた。

案の定、まもなく立派なお礼状がきて、夫は黙った。

ある日、夫は海釣りに出かけて豊漁。魚を見ながら、あなたは首をひねる。

「これ、何て魚？　見たことない」とあなた。

「そうだろ、そうだろ、おまえはアジとイワシしか知らないんだから。どんなもん喰《く》って育ったの？」と夫。

「魚の名前を知ってることがそんなに偉いこと？　あなたってそんなことでしか威張れなくて、子どもみたい」とあなた。

「どうせそうでしょうよ。オレは大きな子どもだからね」と夫。〝子ども〟をタテに話題をはぐらかす。

日曜日。

あなたの実家から地元の名物菓子が大箱で送られてきた。

「こんなに沢山！　家は三人家族なのに、よそと間違えたんじゃないのかな。ヤボだよ。困っちゃうよなあ」と夫。

「あら、ご近所や友だちに配るにはこのくらいないと足りないと思う」とあなた。

「あのね、家のほうでは何でも大型であることがイコール敬意を表すって意味なの。あなたに迷惑はかけないから大丈夫。お宅のご両親は小型がお好きだけど、習慣が違うんだから仕方ないじゃないの」

　夫は黙る。

「そしてこの際言っておきますけど、実家のことを悪く言って私を傷つける話し方は、もうやめて。

　そりゃあ、至らない点は多々あると思う。私もあなたにはふさわしくない妻かもしれないけど、それは実家の責任ではなく私自身の責任よ」

とあなた。真面目な口調でゆっくり静かに話すので、夫はヒヤッと震える。

　彼はあなたの優しさに甘えて、素直な態度を示さず、常に自分本位の表現で日常生活を送っているのだ。

　結婚前の初々《ういうい》しさはどこへやら。〝夫〟という役割をはき違えているようなこの頃である。

　あなたがキッパリ言い返さないと、彼は自分らしさもどんどん失い、かつての男たちが演じてきた、マッチョな夫像の轍《てつ》を踏むことになる。

　夫を甘やかしてはいけない。

　家庭で甘やかされた夫が、社会に出て仕事ができる男に変身することは、ありえないのだ。

言い返す力を発揮する妻の存在が、夫を成長させる。妻は夫の思考回路を大胆にぶち壊したりもしよう。

人生は長い。

わがまま少年のすねた言い方しかできないパートナーでは、あなたの旅は退屈だ。

あなたが言い返すことで、夫に会話力をつけさせ、二人の未来を明るく切り拓《ひら》いていこう。

夫だってきっと、すねては自己嫌悪を味わっているにちがいないのだ。

第二章
姑編

1　「ママには内緒よ」と、勝手に子どもにおもちゃを買う

夫の両親が孫の成長を楽しみにしている。それは有難いのだが、ちょっと過剰気味な面もあり、あなたはうっとうしく感じている。

特に姑《しゅうとめ》が「ママには内緒よ」と言ってはおもちゃやチョコレートなど子どもが欲しがるものを次々に与える様子が気になる。

子どもは「おばあちゃんがママには内緒よって言って、これ買ってくれたよ」とあなたに報告する。

あなたとしたら、〝内緒〟という言葉を覚えさせたくないし、プレゼントは誕生日やクリスマスのときだけという躾《しつけ》をしているのになんてことだ、とムッとする。

姑は孫の喜ぶ顔が見たいとは言いながら、しょせん人気取りだ。子どものこころを摑《つか》みたいのだろう。そうでなければ、「ママには内緒よ」とは言わない。老《ろう》

猾《かい》な手口だ。

　あなたは作戦を練って、姑に立ち向かおう。大切なのは、まず感謝の言葉から始めること。

「お義母《かあ》さん、いつも結構なものをありがとうございます」とあなた。

「あらッ、私は別に何も」と姑。

「いいえ、子どもから聞いております」

「まあ、そうなの？　大したものじゃないから、そんな、いいのよ、あの子が欲しがるから」

　そこらへんから、あなたはグイと身を乗り出す。あなたは子どもの母親である。子どもに関する責任と義務はあなたにあるのだ。あなたの立場は強いのである。

「あの、こんなこと申し上げてどうぞお気を悪くなさらないでくださいね。お願いしたいことが、二つあります」

　ここであなたはちょっと間を取る。

　姑は内心おだやかではない。いったいあなたから何を言われるのか、ザワザワ。

「実は先日買っていただいたクマのぬいぐるみ、家《うち》にも同じものがあるんですよ。あの子、どうして言わなかったのかしら。勝手なお願いですが、あの子にプレゼントを与えるのは誕生日とクリスマスだけと決めているので……」

イントロのクマのぬいぐるみの件はホントでなくてもいい。相手を傷つけないためのウソなら、時にはつくのも機転のひとつ。

「それから、〝内緒〟という言葉を教えるのはまだちょっと……」

テーマはしっかりと伝え、物言いはきつく聞こえないように語尾を濁そう。

「え? 〝内緒〟ってなぜ悪いの?」

「大人になればわかると思いますが、〝内緒〟は隠すことですし、私はどんなことでも私に話しなさいと教育しているので、子どもは戸惑いますし……」

あなたは静かに微笑みながら理路整然と、かつどこかホワッとゆるく話そう。

姑は太刀打ちできず、皮肉やイヤミで応酬してくるかもしれない。

それは先刻承知の上だ。揺れない、揺れない。

おばあちゃんに頼めば何でもかなえてくれると思い込む、甘えん坊のマザコンならぬババコンの子にならないように、あなたは憎まれ役上手の名女優を演じよう。

2　何かというと「私の結婚した頃はね」

サーフィン大好きの夫とあなたのカップルは休みがとれると海へ出かけて、夫の実家へはとんとごぶさた。

姑はそんなあなたたちに批判的。特にあなたへは厳しい言葉の矢が飛んでくる。

「私の結婚した頃はね」と言っては、あなたに自分の苦労話や手柄話を聞かせる。最初は「まあ」「ワァー」「すごいですね」などと感動詞を発したり、びっくりしたりで対応しよう。

しかし、あまり毎回「私の結婚した頃はね」がつづくと、あなたも感心してばかりはいられない。

「最近の若い人たちは気楽でいいわねえ」の決め文句も引っかかる。

「そうですよねえ。でも最近の若い人たちにも悩みは多くて、人間関係で病気になる人も少なくないんですよ」とあなた。

姑のフレーズに即「いいえ」とか「違いますよ」と反論せず、一応は「そうですよねえ」と同意するところがコツ。

それからおもむろに自分の意見を述べる。

苦労話に対しても、まずは褒めよう。

「まあ、お義母さま、そんなに苦労なさったんですか。ご立派ですね」と言って

「私なんか絶対にマネはできません」とキッパリ宣言する。

「あら、でも〝お嫁さん〟というのは、我慢して家に仕えるものなのよ。マネできないなんて言ってては済まないんだから」と姑は押し返してくる。

あなたは姑の暗示に乗ってはダメ。

「そこらへんから、今とは違うんでしょうねえ。まず家に仕えるという感覚がありませんからね、今は」

明るくとぼけた口調で、あなたは姑を〝昔〟のエリアに置き、自分は〝今〟の側に立つ。

姑はイライラ。あなたの割り切り方が気にくわないのだ。

「伝統というものはね、時代が変わっても変わらないものなのよ」と姑。

「そうですよねえ。破壊と創造が時代を作っていくといいますよねえ」

こうなると、あなたと姑の会話はまったく嚙《か》みあわない。

姑は面くらって次のひと言が出てこなくなる。するとまた姑の思考回路は振り出しに戻るのだ。

「私が結婚した頃は、世の中はこんなじゃなかったわ。人にはもっと思いやりがあって、親に対してだってもっと優しく……」

姑の言葉にうなずきながら、あなたはちょっと助け舟を出す。

「そうですよね、伝統って大切ですよね」

あえて嚙みあわない会話をすることで、姑はあなたが何を考えているかわからないし、あなたとの会話は成立しないと感じ、距離を置かざるをえなくなるのではないだろうか。

そして姑は自分の年代の集まりなどで、「この頃の若い人たちはまるで外国人みたいよ」とこぼし、共鳴を得てホッとする。

あなたは姑の眼《め》には生意気な嫁として映ることを覚悟しよう。

はじめにそういう印象を与えておけば、その後のつきあいでかえってそれがプラスに働く。

「生意気なのに、わりに優しい」「生意気なのに、なぜか素直だ」と、あなたの〝生意気〟をハンディキャップとして、姑はあなたを理解するようになるだろう。

3　家事、子育て、礼儀作法。すべてにおいて先輩ぶる

「あなた、マーガリンはどこの銘柄使ってるの？」

と料理上手の姑。遊びに来るとすぐにキッチンに入りたがり、あなたに質問を浴びせる。なにげなく冷蔵庫を開けてみたりもする。

あなたはあなたなりに夫や子どもの健康を考え、一所懸命やっているのだ。けれど姑はさかんに先輩ぶる。材料の選び方や料理法などにダメだしが止まらない。

「煮物の味つけはこうするのよ」

という具合に自分のやり方を押しつけてくる。親切どころじゃない。

あなたはニコニコと適当にうなずき、「はい」「わかりました」「試してみます」「ありがとうございました」と感謝の言葉で対応しよう。

姑は自分のやり方が一番だと思い込んでいるので、あなたはいたずらに抵抗し

ないほうがいい。

「知りませんでした」「そうやればいいんですね」「私にできるかな」という相づちフレーズも、姑の気持ちを落ち着かせる効果がある。

ミニお世辞のつもりで、「教えてください」などとは言わないこと。先が思いやられる。

また、先輩ぶる姑は衣食住全体に関しても口をはさんでくるので、あらゆる面でこころの準備をしておくように。

「あなた、よかったら私のセーター着てくれる？　カシミヤだから品物はいいのよ。ほとんど着てないので、どうぞ」

セーターだけではない。スカーフやバッグのお古もせっせと持ち込まれる。おしゃれを楽しむあなたには迷惑も迷惑、冗談じゃない！　と叫びたい。

「あら、私には着こなせませんよ。もっとお似合いの方がいらっしゃると思いますから」

と婉曲《えんきょく》に「ノー」と言っても、相手には届かない。

「いいのよ、遠慮しないで」と姑。

彼女の決意はビクともせず、強引に押し返してくる。

ここであなたは大きくハンドルを切らなければならない。

「実はお義母さま、私おしゃれが好きで、もうイヤになるくらい品物が増えてしまったのです。今度、友だちがガレージセールをするので、余分なものはセールに出品することにしました。部屋がせまいし置くところがありませんし……」

そばに夫や子どもがいたら、彼らに「ね？　そうよね？」と同意を催促しよう。

姑が自分のセーターをセールに出してほしくなかったら、「あら、そう」と言って持ち帰るはずだ。

夫が留守のとき、子育てや貯蓄などについても姑が立ち入ったことを訊いてきたら、しっかりした答えを示そう。

「この子には独りで選んで決められる人に育ってほしいと思います」

「貯蓄はパパの計画通りにやっています。私の知らないこともありますから、直接お義母さまからおたずねくださいい」

姑は息子に訊けないことをあなたに訊くのだ。内心、ギクッ。あなたを甘く見てはいけないと感じるだろう。

日常の生活シーンはあなたの仕事シーンだ。

どんなに苦手な姑と逢うときも、キレイにメイクをして清々《すがすが》しい表情をこころがけ、後輩の存在感を見せびらかそう！

4　話題は週刊誌の記事や他人のスキャンダルのみ

昼下がり。テーブルを囲む姑とあなた。世代の違いなのか、感覚の違いなのか、姑との会話であなたはたびたび言葉に詰まる。

「ねえ、○○が芸能界を引退して結婚するってホントかしらね？」と姑。

「さあ」とあなた。

「△△はミュージシャンと再婚するんだって。前の人との子ども、どうするつもりなの？」と姑。

「さあ」とあなた。

姑の話題はもっぱら週刊誌とＴＶだ。

「□□の披露宴の中継観《み》た？」と姑。

「いいえ」とあなた。

「あら、だったら録画したのを貸そうか？」と姑。

「いえ、結構です。観る時間もありませんし」と、ついにあなたは笑顔でキッパリ断る。

「いいのよ、急がなくて。貸してあげるわよ」と姑。

そこまでいくと、時間のせいにしてはいられない。

「あの、ホントに。私、興味ありませんので」とあなた。

すると姑はあきれた表情を浮かべる。

「まあ、そうなの？　珍しいわねえ」

彼女はあなたも自分と興味の対象が同じなのだと思い込んでいて、なぜ否定されるのかがわからない。同じであるべきなのにと不愉快な気分だ。〝珍しい〟というのは〝例外〟を意味している。姑にすれば非難のフレーズを投げたつもりなのだ。

人はそれぞれ個性が異なる。だから考え方も人それぞれ。同じではありえない。姑も言葉の上ではそれを承知している。しかし実生活の現場ではあなたが自分と異なる考え方をするなんて許せないのだ。

彼女は親戚の子どもたちを比較しランク付けしたり、友人知人の運不運をおもしろおかしく話したりもする。

「私の友人の息子さんがね、上海《シャンハイ》で出逢った中国人と一緒になるんですって。友人はショックで寝込んじゃったのよ。どうなるやら」と姑。

「あら、国際結婚ですか？　ステキじゃありませんか」とあなた。

「でもね、その友人の家系がね」と声を落として深刻そうな口調になる。

あなたにとっては見ず知らずの登場人物ばかり。話を聞いてもチンプンカンプン。まして姑はその友人のことをメロドラマチックに物語るので、何と応えたらいいのか、言葉がまったく見つからない。

けれど、うなずくだけでは姑はますます調子づき、あなたを自分の理想的な聞き手としてマークしかねないから、早く言い返さないとチャンスを失う。

もしも言葉で言い返すのは絶望的だと感じたら、動作やしぐさに代打を頼もう。

あなたは姑の話に耳を傾けつつ、ちょっと言葉が途切れたとき、椅子から立ち上がる。

「お義母さま、お茶にしませんか？」

言葉で状況を変えられないときは、手のひら、首、肩などを右や左や上下に動かし、ジェスチャーも含めて〝からだ語〟を使って状況や場面を変えてみよう。

姑の話し方は行く先が定まらない電車のように気まぐれに走る。駅がないのだ。

そこであなたはシグナルを送る。話をストップさせるためにティータイムやコーヒーブレイクがある。

あなたと姑の会話が弾むということはほぼ不可能。あきらめる必要はないが期待はしないほうがいい。

言い返す力は相手をやっつけるのが目的ではなく、あくまでもコミュニケーションの進行を目指している。

会話では互いに違和感だらけだった二人が、〝からだ語〟でつかの間の共感を得られるのだ。

5　夫には無条件で満点をつけ、妻の私には常に落第点

夫の花粉症を心配して、姑がさまざまな薬を送ってくる。細々《こまごま》とした気遣いに最初は感謝していたが、だんだん重荷に。

定期的に食品の詰め合わせなども届く。夫の大好物だからと添え書きがあるが、夫は別に好物ではないと見向きもしない。

そのたびにあなたはお礼の電話をするか礼状を出すかで面倒くさい。あなたの感謝の言葉が足りないと言って姑は夫の姉にこぼし、義姉《あね》から「お母さんががっかりしてたわよ」と電話が入る。

イラッ。

たまに会うと、夫の子ども時代の話ばかり。

「小学校一年生のとき、学芸会で『桃太郎』をやってね、あの子主役だったのよ」

懐かしそうに話しているかと思うと、姑は急に表情を変える。

「子どもの頃は優しかったのよ。最近は違うけどね。環境かしらね、周囲の人たちの影響を受けやすいのよ。素直な子だから」

あなたの影響を受けて優しくなくなったとでも言いたげな話しぶりに、あなたはさらにイラッ。

また孫たちに関しても、顔、体型、知能、性格などを夫に似ているか、あなたに似ているかでチェック。悪いところはすべてあなたに似ているということになる。

「あの子の小さいときとそっくりよ。眼がパッチリしているところとか恥ずかしがりやでおとなしいところとか」

夫の子ども時代を知らないあなたは「違います」とも言えず「まあ、そうですか」と答えざるを得ない。

そう、姑はあなたの知らないことを、「私は知ってる」とアピールしたいのだろう。

過去のできごとや想い出をあなたに語るのは、あなたへ自分の存在を誇示し、「私を忘れないでよ」と告げたい母親心理からきているのだと思う。

だからあなたが「あ、その話知っています」「彼から聞きました」と応えて、連帯感を分かちあおうとするのは逆効果だ。

この場面での言い返す力とは、聞き通す力である。

ムキにならない。

本気にならない。

競わない。

姑は、〝絆《きずな》〟の点では、息子とあなたとよりも、息子と自分とのつながりのほうが強いと考えている。

その考えの根底にあるのは、競争意識だ。

彼女はあなたに負けまいとして張りあっている。何を負けたくないのか。

息子にとってどちらの存在が大切なのか。母か妻か。貴重度で負けたくないのだ。

もともと〝絆〟には優劣も勝ち負けもない。そこで対抗心を燃やすのは理にかなっていないし、エネルギーの浪費でもある。

あなたは姑ペースに巻き込まれないようにしよう。

何か送ってくれた姑にお礼を伝えるとき、

「彼がそれほど好物ではないと言って余り口にしないのですが、どうしたらいいでしょうか?」

と相談することで、言い返すパワーを発揮しよう。

ライバル同士は相談などしない。

あなたが〝競うこと〟を放棄しているしるしとして、姑との会話のどこかに相談するフレーズを入れれば、きっと気持ちのかけらが伝わるはずだ。

太陽にかなわなかった北風の例があるように、あなたは「これ、どうしたらいいのでしょうか?」と相談しつつ、姑のライバルコートを脱がせてしまおう。

「どうしたらいいのでしょうか?」に返ってきた姑の答えは、時には聞き流し、それほど重視することはない。

6　私の話には聞く耳を持たず

子どもが幼稚園で転んで怪我《けが》をした。

大した傷ではないので、あなたは先生から事情を聞き、納得して帰ってきた。

姑がそのことを知り、カンカン。幼稚園に談判に行くと言ってきかない。

「あなた、なめられているのよ」

「いいえ、あの子が自分で転んだのですから別に問題はないんです。本人もそう言っています」とあなた。

「いたずらっ子に押されたのかもしれないじゃないの。その子が怖くてホントのことを言えないのよ」

姑は事実を確かめることよりも、自分の想像で勝手にストーリーを作り上げるほうが得意な人だ。しかもそのストーリーを、まるで事実であるかのごとく信じ込む。

「かわいそうに。いくら今は痛くないと言っていても、後遺症が出たらどうするの？」

姑は悲観的かつドラマチックに物事を推理するのが好きなので、放っておくとどんどんエスカレートしていく。

「あの子は強い子です。転んでケガをしたくらいでどうかなるような弱い子ではありませんよ。よそのお子さんのせいにするなんてそんな卑怯《ひきよう》な子だとお思いですか？」

とあなたは静かにゆっくり姑に言い返す。

姑はあなたの話をきちんと聞いているわけではないが、あなたが言わんとする本質的な話に対抗できないということはなぜかパパッと察知する。

話題を変えて、今度はデパートで傘を失くしたことを嘆く。

「忘れたんじゃないのよ。盗難に遭ったの。そういえばそばにいかがわしい若い男がうろうろしていたの、憶《おぼ》えているわ」

と姑は自分の記憶力を誇る。

「記憶違いということもありますし」

とあなたが言おうものなら、大変だ。

「私、まだボケていませんからね」と姑の眼が鬼になるのは間違いない。だから、言わない。

「災難でしたねえ」とあなた。当たりさわりなくかわそう。

姑にとっては自分の言い分だけが正しいのだ。他の声に貸す耳は持っていない。

グリニッジ天文台の標準時こそ自分なり、なのだろう。

彼女は世代においても自分の世代の視点だけが正しいと決め込み、他の世代をあしざまに言う。

「最近の人たちはね、信念がないのよ。だからフラフラしてて職業だってあっちこっち変えて何でも長続きしないんだわ」と姑。

信念がない？

聞き捨てならぬそのひと言に、あなたは怖《おそ》れずに質問しよう。譲れないことには「ノー！」を言い渡さなければ。

質問という形式は、言い返す表現のひとつとしてなかなかのパワーがあるのだ。

「お義母さま、信念って相当の根拠に基づく確信のことですか？」とあなた。

「そんな理屈っぽいものじゃなく、これが正しいと固く信じ込むことよ」と姑。

「それでしたら、みんなそれぞれ持っていると思いますよ。だってそうじゃなくちゃ生きていけませんもの」とあなた。

自分の価値観のみが正しいと思い込んでいる姑は、

「違うわよ。自分が思ったことをどこまでもやり通そうとする気持ちが信念ですよ」

と口調がとがってくる。

「意地と信念とは別ですよね？」とあなた。

わざと知的に会話を進めるのがコツ。

おそらく姑はあなたの質問に応えられず、あなたにナマイキというレッテルを貼り、敬遠するようになるのではないだろうか。

聞く耳を持たない相手には、聞かせようとする努力はしないほうがいい。疲れるだけだ。

あなたはあなたで聞いているフリをして、聞き流す。

場数を踏み、聞き流し方を上達させよう。

そのスキルがあなたを救うはずだ。

第三章

親編

1　同じ話を何回も繰り返す

「兄妹《きょうだい》の中であなたがいちばん手がかかったのよ」と母が話しはじめると、あなたは、またかとげんなりする。

「病気がちで人見知り。学校へも行きたくないってダダをこねて、ホント、私はどのくらい苦労したか……」と母はブツブツ。

「同じ話ばっかりね。耳にタコ」とあなたは顔をしかめる。恩着せがましい母の口調がたまらなくイヤだ。

「おかげさまで私はこんなに元気になりましたよ」と言い返すが、それではあなたの真意は相手に届かない。なぜならあなたは感情的になり、キレただけなのだ。売り言葉に買い言葉の次元ではなく知性を持って言い返すには、自分の怒りの感情がどこからやってきたのかを胸に秘めず、しっかり説明しなければならないのである。

母は自分がピアニストになりたかったが、あなたに手を焼き、ついには夢を犠牲にしたことを想い出ばなしに混ぜ込みながら、しばしばあなたに話す。

時系列に沿って話さないので、彼女の話はあちこちに飛び、その分混乱したりしつこくなったりでなおさらあなたは腹が立ち、もやもや気分になる。このままいったら、きっとあなたは母親を大っ嫌いになり、許せない！　許さない！　になってしまうだろう。

その前にチャンスを作るのだ。

それは母親とあなた両方にとってのチャンスだ。母と娘という関係はともかく、せっかく出逢った二人なのだから、もっと互いを知りあったほうが楽しいし、おもしろいじゃないか。

言葉にはあらゆる可能性が潜んでいる。出逢った二人を対立させることができるし、理解させることだってできる。言葉の可能性について、人類はまだまだ研究不足だ。実験も不足だ。可能性にぶつかっていくのに、必要な勇気も不足している。

そこであなたから始めよう。

どうして母親が何回も何回も同じ話を聞かせるのか、その理由を訊きたい。

けれどこういう状況では、あなたが質問することで二人の関係がプラスに動くとは思えない。それよりもむしろこの場合は、あなたが告白することで、彼女の理由を突っつくのだ。

「お母さんの夢を私がこなごなにしたって話、聞いてるのとてもつらい。今さらもうどうしようもないことじゃない？　どうしたらいいの？　私にできることはなに？」とあなた。

「まあ、何を言ってるのよ、バカね。想い出を話してるだけよ。そんなに深刻にとらないでよ」と母。

「じゃあ、もうその話、完結にしない？　また始まったら、私〝ストップ〟っていうイエローカード出すわよ」とあなた。

母親だって、あなたのそのひと言のおかげで区切りがつく。

同じ話を繰り返すのは、もしかしたら本人が話したいことを話し切っていないことによるフラストレーションの表れなのかもしれない。

2　夫の給料や昇進について探ってくる

赤ん坊が突然ワァーワァーと泣き出す。母親はオロオロ。どうしよう。困った。どうすればいいの？　わからない。こっちだって泣きたい！　と子育てにおおわらわの母親。

小学校に入れば入ったで心配が増える。中学校に入っても親の悩みや責任は減るどころか増えるばかり。

ようやく社会人になったとホッとする間もなく、次のテーマは結婚だ。

つまり母親って役は、しょっちゅう子どものことを思いわずらい、キリキリしたりカリカリしたりで忙しいのである。

ところが子どもサイドからすれば、「なんでそんなに心配するの？」と母親の大変さがさっぱり理解できない。かえってうるさく感じられ、「放っておいてよ」と言いたくなるのだ。

たとえば、結婚して家を出たあなたの場合。未《いま》だに母親はあなたを子ども扱いする。

たまに逢うと、第一声は「仕事、順調なんでしょ?」のフレーズ。

「彼の? まあね」とあなた。

「家事の切り盛り、ちゃんとできてるの?」と母。

「私、案外しっかりしてるよ」とあなた。

「彼のお給料だけで大丈夫?」

「仕方ないじゃない。文句を言い出したらキリがないでしょ」

「ボーナスはどのくらい出るの?」

ここまでくると、ニコニコしていたあなたの口元がググッととんがる。

「夫のボーナスとお母さんと、どういう関係があるの?」とあなた。

「いいえ、心配だから訊いただけよ」と母。

気まずいムードが一瞬和らぐ。

するとまた母が訊く。

「で、会社での評価なんかどうなの?」

「お母さん、一体何を知りたいの!」とあなた。

「別に……私はただ、あなたに幸せになってほしいから……」と母。

そこでいつも対話はプツン。あなたはブスッとふくれて、母とのコミュニケーションを放棄する。

しかし、それではいつまでたっても二人の間柄は母と子のままだ。大人と大人の関係に進展できない。

今日からはブスッとふくれる前に正々堂々と言い返すことで、長年演じてきた子ども役から脱却しよう。

「お母さん、スパイみたい。へんな質問するのはやめてよ。彼だけじゃなく私まで侮辱されてる気分になる」とあなたはキッパリと言う。

あらためて独立宣言をするのだ。

おそらく母親はギクッ。あなたの剣幕にあわててるだろう。

なぜって彼女は深い意味があってそういう問いかけをしたわけではなく、むしろ心配しているからこその根掘り葉掘りの質問だったのである。

彼女の眼には、何歳になってもあなたは子どもに見える。あなたに対して責任を感じているのだ。

母親自身は気づいていないだろうが、あなたへの〝責任〟の気持ちがいつか

〝権威〟の気持ちに変質してしまったのである。

母親には子どもへの〝責任〟はあるが、〝権威〟はない。

大人になった娘を心配し母親としての愛情を向けたいのなら、大人同士のルールを守る必要がある。

まず、プライベートに立ち入ってはいけない。親しければ親しいほど、互いの私的生活を尊重すること。

「お母さん、私は今や彼の相棒なのよ。会社運営と同じで、私たちには私たちの計画や企業ヒミツがあるの。深掘りしないでよ。かえって隠したくなっちゃう」とあなた。

あなたは大人同士のルールを冷静にていねいに母親に教えよう。

「干渉しないで！」というひと言は禁句。〝干渉〟は母の耳には強く聞こえ、彼女の反撥心をあおるからだ。あなたはあなたの本心を、にこやかにかわいい大人の話し方で説明しよう。

「お母さん、私が幸せになるように祈ってくれてるなら、お願い、もう失礼な質問はしないでね。私の幸せは私の自己責任だと思うの」とあなた。

その場では母親は「わかった、わかった」とは言わないかもしれないが、あなたの言い返す力の凛々《りり》しさにショックを受けたに違いないのだ。
あなたの前進はきっと母親をも前進させるだろう。

3　逢うたびに「お姑さんと仲良くしなさいよ」とお説教

実家まで新幹線で約二時間。でもその前後を考えるとなかなか帰郷できないあなた。

ようやくチャンスを作り、両親の顔を見に出かける。話らしい話もしないうちに、いつの間にか時は流れて。

「じゃ、みんな元気でいてね」とあなた。

「お姑さんと仲良くしなさいよ」と母。

「ヤダ、お母さん、またその言葉？」とあなた。

「何度でも言うわよ。お姑さんと仲良くしなさいよ」と母。

母親にすれば、〝娘が結婚した〟という意識よりも〝嫁に出した〟という意識が強いのだろう。

姑と喧嘩しないで仲良く過ごしてほしい、感心されるようないい嫁であってほしいと願うあまり、ついそのフレーズがこぼれるのだ。

でもあなたは母のひと言を真っすぐ受け止められない。なんで毎回そんなありふれたフレーズで私を見送るのよ！　と楽しかった帰郷が色あせたものに感じられてしまう。

「はい、そうします」と答えれば問題はないのかもしれないが、それでは何だかウソっぽくて淋《さび》しい。

世代のギャップか。立場の違いか。母は何の抵抗も疑いも持たず、あなたに忠告するのだ。

彼女はそれが母親の義務だと考えている。常識的にもあたりまえのことを言っているわけで、あなたがモヤモヤと不快感に苦しんでいるとは想像もしていないと思う。

つまり彼女は〝いい母親〟が口にするセリフをあなたに告げたまでなのだ。

さあ、そのままにしておくとズルズルとこの先もそのフレーズはあなたに向かって投げかけられるにちがいない。

思い切って言い返さなくちゃ。

「お母さん、そんなありふれたセリフは言わないでよ。仲良くなるためには喧嘩もしなくてはならないでしょ」とあなた。

「ダメよ、喧嘩なんかしちゃ。お姑さんにさからわず表面だけでもハイ、ハイって言ってひかえめにしておきなさいよ」と母。

「古いわねえ、お母さん。ひかえめなんて、遠慮して目立たないように振舞うことでしょ。冗談じゃないわ。そんな時代じゃないの」とあなた。

仲が良いということは、人と人の関係のはじまりに存在するのではなく、なりゆきや結果として時間を経た先に生まれるものだ。

最初から「仲良くしよう」を目的にするのは互いの個性やこころを無視することになり、不自然きわまりない。

「人工的に仲良くなるなんて、私はイヤ。それよりゆっくり時間をかけて、またとない関係を育てていきたいのよ」とあなた。

あなたの覚悟を聞いて、きっと母親はもうおなじみのフレーズを繰り返し言うことはできなくなるはずだ。

4　周囲と比較し、「平凡な主婦で終わらないでよね」と期待してくる

「Aさんは軽井沢《かるいざわ》にセカンドハウスを建てたそうじゃない？　あなたも頑張って」と母親にハッパをかけられたあなた。

しかしAさんと自分とでは家庭の事情が異なるし価値観や生き方もまるっきり違う。比較の対象外だ。なのに母親は羨ましげに噂《うわさ》する。

しばらくすると別のニュースだ。

「Bさんがアクセサリーの会社を立ち上げたんですって。やるわねえ。あなたも頑張って！　なりたい自分になるんだって言ってた頃の意気込みはどこへいったのよ？」と母。

彼女は最近のあなたに不満らしく、さかんに揺さぶりをかける。

「せっかくスペイン語できるのに、使わないのはもったいないじゃないの」

エールを送られているのか、非難されているのか、どちらとも受け取れる。あ

なたは肩をすくめた。

「中学だって高校だって、あなた、Bさんより勉強できたんだから。頑張って」と母。

ついにあなたのカンニン袋の緒が切れた。

「お母さん、私だって頑張ってるよ。いくら頑張ったって目下はこれで精一杯。お母さんは私を買いかぶっているんじゃない？」とあなた。

「何言ってるのよ。あなたには可能性があるのよ。留学したり一流の広告代理店に勤めた経験を無駄にしないでほしいわ。平凡な主婦で終わらないでよね」と母。

そう、あなたの母親はあなたに期待して夢を託してきたのである。

自分ができなかったことをあなたにさせたいと思い、協力し援助し応援した。彼女にとってあなたは未来であり、希望だったのだ。

もちろん、見返りを求めてあなたを育てたのではない。けれどあなたが母親の期待に応えてくれないことが恨めしくてたまらないのだろう。

そのイライラが、友人や知人を引き合いに出してあなたを「頑張って」フレーズで攻撃することにつながる。

だからあなたはここでハッキリと言い返そう。母親があなたに抱いている腹立たしさと残念な気持ちに対して、あなたはあなたなりの貴重な言い分があるはずだ。

「あのね、お母さんが私に期待してくれていることは有難いと思ってる。でも本音を言えば重荷なのよ。私は今の生活で十分楽しいの。家族が健康なら、セカンドハウスなんてどうでもいい。

私は以前、世間で言う〝なりたい自分〟になりたかった。けれどそんなのまやかしじゃない。Aさんのようになりたい、Bさんのようにもなりたいと理想を追い回していたら、結局誰にもなれない。自分にだってなれなくなる。

他人は他人。私は私。

私はね、自分になりたいの。〝なれる自分〟になりたいのよ。スペイン語はいつか役に立つから、急ぐことはない。

私、いろんな旅をしていろんな人たちに出逢って、とても大きな気分になれたの。

頑張るって、忍耐して努力してそれをずっと止《や》めないことだよ。私は〝なれる自分〟が目標だから、ゆっくりと自分の能力を引き出して育てていきたい。どこまで自分自身になれるのか、一日一日が実験よ。

お母さんの期待には応えられないと思う。でも自分の期待には応えるつもり。がっかりしないで見ていて」とあなた。

飾らずていねいに話すあなたの言葉に、母親は眩《まぶ》しさを感じるだろう。そして納得するに違いない。

言い返す力は、納得させる力でもあるのだ。

5　休暇の過ごし方に口をはさんで「いいご身分ねえ」

あなたの興味は少女時代からヨーロッパにあった。早く大人になっていろいろな国を旅してみたいというのが夢だった。

そして遺跡や美術館めぐりが実現した。あなたの興味はさらにレベルアップ。輸入関係の仕事なので情報も集めやすい。

夏休みにはルーマニアに行く予定だ。そのことを話題にすると、母はブスッと、ひと言。

「また海外旅行？　いいご身分ねえ」

あなたのワクワクした気分がシュンとしぼんでいく。

「ヒドイッ！　お母さん、それどういう意味？　私が旅行が好きだってこと、前から知ってるじゃない？」とあなた。

「知ってる、知ってる。だからいい身分だって言ったのよ」と母。

「感じわるい……」とあなた。

「理解ある夫に恵まれ、好きな仕事をして、行きたいとこへ行って、あなたが羨ましいわ」と母。

でも「羨ましいわ」の言い方がイジワルっぽい。

理解してくれているとばかり思っていた母親の冷たい語調は、あなたにとって大ショックだ。

これまでもたびたび言い合いはしてきたが、今回はいつもより深刻である。

「いいご身分ねえ」が引っかかるのだ。

さ、引っかかったら顔を上げよう。

沈黙の谷間に落っこちないで、ポツリポツリと会話を再開させるのだ。

「そうか、わかった。お母さんも旅行したいんでしょ？」とあなた。

「何言ってるのよ。それどころじゃないわ。することが次から次に山積みで、もうヘトヘトよ」と母。

「だってさっき私のことが羨ましいって言ったじゃないの」とあなた。

「あら、そんなこと言った？」と母。

つまり彼女は日々の営みに追われ、鏡を見ることも忘れるくらい忙しくしている。

それが主婦の役割だと承知もしているが、何か空《むな》しい。メリハリがなく単調で面白くない。

くらべてあなたの楽しそうなことったら！　母親にすれば疎外感ひとしおで、自分だけ置いてきぼりをくったような心境になっているのだ。

「あなたには私の気持ちなんかわからないでしょうねえ」と母。

いよいよ正念場だ。

あなたは母親の愚痴に、悪い血を吸い出すような慎重さで耳を傾けよう。

「誰も私の気持ちなんてわかってくれっこないのよ」と母。

あなたは優しく言う。

「お母さん、疲れてるのね」

「疲れもするわよ。お父さんはワンマンだし。三人の子どもはみんな勝手な生き方をして家へは寄りつかないし……」と母。

母親のひと言ひと言を、その内容に関係なくただ静かに聞くことだ。

彼女は自分の苦労をあなたに聞いてもらいたいのである。

あなたが引っかかったフレーズに悪意はない。皮肉のスパイスをパラッとふりかけて、「いいご身分ねえ」と言ったのが、母親にすればギリギリの自己主張だったのかもしれない。

ここであなたはスケールの大きな人物として、母親に接するのだ。

「お母さん、いつか一緒に外国旅行しない？　二人っきりで。ガイドできるように私が下検分しておくから。ね、どこへ行きたい？」とあなた。

「バカね、あなたったら急に何を言い出すのよ」と母。

でも彼女はうれしいに決まっている。

母親の塞いだ気持ちに、あなたは希望の風を吹き込んだのだ。

6　反論すると「そんなに怒らなくてもいいじゃないの!」と逆上

窓辺には秋の陽《ひ》ざし。

あなたはバラを一本一本逆さにつるし、自家製ドライフラワーを作った。発色もよく、出来は上々。大きなガラスビンに挿そうと周囲を見まわした。適当なものがない。

「そうだ……」と実家に置いてきたビンのことを思い出す。

結婚前、ワインやブランデーなど美しい形の空きビンを集めるのが好きで、あなたのコレクションには友だちもいろいろ協力してくれたものだった。

あなたは早速実家へ電話をする。

「あ、お母さん、あのね、私の部屋に空きビンがたくさんあったでしょ？　あれを取りに行きたいんだけど、いつがいい？」とあなた。

「なんのこと？　ああ、あの空きビンね、古いし捨てたわよ」と母。

「えっ？　どうして？　だってあれ私のだよ！」とあなた。

「何も言わないから、いらないかと思って処分したのよ」と母。

「なぜ！　どうして私にひと言訊いてくれなかったの？　ヤダ、めったにないビンだってあるのに！　ひどい！　持ち主の私に訊くのがマナーじゃないの。いつ捨てたの？」とあなたの声は大きくなる。

「ずいぶん前だわ。あなた、必要ならそう言わなくちゃわからないわよ。いつも散らかしっぱなしだから、どれがゴミなのか宝物なのか見当がつきゃしない」と母。

「だから訊いてって言ってるじゃない？」とあなた。

「なんでそんなにギャーギャー言うのよ？　怒ってばっかりじゃない。いつも私が悪者なのね。どうせ私が悪いんでしょうよ」と母。

怒るあなた以上に怒りはじめた。

あなたが「捨てる前に訊いてくれなかった」と責めている点に関しては母親はいっさい応答せず、あなたの態度をバチバチ非難する。テーマが全然嚙みあわない。

あなたの記憶では、こういう展開は初めてではなく、それどころかしょっちゅう体験してきたシーンである。

会話の途中で突然ボルテージが上がり自己憐憫《じこれんびん》に陥る母親の話し方に、あなたはいつもお手上げだった。

家を出てからあらためて母親の話し方を聞いていると、自分も彼女も子どもっぽく感じられ、一緒になって騒ぐのは大人気ないことだと思えてくる。

実は、母親だって感じているのだ。あなたの怒りにハッとして、自分の非に気づいたのである。しかし、「ごめん！　悪かったわ」と言えない。感情を正直に言えないのだ。

そのためにタイミングを逃し、そのあとで「ごめん！」とはさらに言いづらくなってしまって、オタオタ。

すると彼女はどうしていいかわからない。混乱して、自己防衛の言葉で保身するしかできなくなるのだ。

あなたもまた、母親に対して甘えがあるので、自分のことを棚に上げて、母親を一方的に責めてしまいがちだ。

言い返す力によって母娘の溝を埋めるためには、あなたが変わることだろう。

言葉の通じない外国人と会話するとき、あなたはどんな方法で気持ちを伝えようとするだろうか。あらかじめ壁を想定してコミュニケーションをとるとき、話し方は自然に譲歩を選ぶものだ。

どんな二人の間でも、一〇〇パーセント理解しあえることはない。理解しあおうとする気持ちがあるかないか、その積極性が言い返す力を生み出すのだろう。

7 「そんな考え方だから……」と私の意見をまぜっかえす

大学時代の同級生と結婚して、二年後に離婚。現在は独り暮らし。サバサバした気分で仕事に励んでいるあなた。

週末、実家へ遊びに行き、母親とティータイムを過ごす。

「私、アイツと別れてホントによかった。学生の頃はもっと面白い男かと思ってたけどね。気がちっちゃいくせに見栄《みえ》っぱりで。ま、私に男を見る目がなかったってことだけど」とあなた。

「優しい人だったけどね」と母。

「みんな最初は優しいフリをするのよ。女だってそうじゃない。いい女ぶるものね」とあなた。

「でも離婚って社会的にはどうなの？　マイナスになるんじゃない？　バツイチとかよく聞くけど」と母。

「お母さんったらわかってないなあ。離婚がバツイチなんてとんでもない。マルイチ。絶対にマルイチよ。だって人生のキャリアを積むわけだし」とあなた。

そこへ父親の登場だ。

「そんな考え方だから、おまえは離婚なんかされたんだぞ」とまぜっかえした。

「お父さん、彼のこと嫌いだったくせに、何よ今頃」とあなた。

「いずれにせよだ、一度結婚を決めたんだから最後までやりとげるのが大人の道というもんだ。偉そうなことばかり言って、何でも三日坊主じゃないか」と父。

あなたはカチンときた。あなただって努力したし我慢だってしたのだ。けれどそのプロセスを言葉にしたら愚痴になる。イヤだ。言いたくない。

しかしあなたの結婚観を父に告げるには絶好のチャンスだ。父のひと言にぐいぐいと言い返し、あなたが進みたい方向を彼に伝えよう。

「結婚って一種のスタイルだよね。それが合う人と合わない人がいるんじゃない？」とあなた。

父親は無言で聞きながらちょっと救われる気分になっている。

なぜなら彼は娘の離婚が娘の失敗に思えて仕方がないのだ。娘の失敗はひいては親の失敗でもあるような。彼は傷ついているのだ。

あなたは彼にとってかけがえのない娘であり、自慢の娘である。それなのにこんなことになってしまった。

彼を闇の森から引き出すには、あなたの機転がモノを言う。あなたはしょげている父を元気づけなければならない。

「お父さんならわかってくれると思うけど」という枕詞《まくらことば》で彼に呼びかけるところからスタートする。

「お父さん、世間体なんか気にしちゃダメ。二十一世紀では〝出もどり〟は死語だよ。かわいい娘がキズモノになったという発想も、前時代的ね。私はこれからよ」とあなた。

彼は無言だ。

「お父さんならわかってくれると思うけど」とあなたはたたみかける。「悔しがることなんてないよ。私は実験してみないとわからない性分なの。でも実験すれば発見があるわけで、結果はすべて収穫だよ」

あなたの話し方は真面目でさわやか。屈託がない。

父親はもうまぜっかえしたりしないだろう。

「お父さんならわかってくれると思うけど、最近、仕事がますます面白くてね」

とあなた。

「また、三日坊主じゃないのかね」と父。

しかし彼はニコニコ。三十分前とは違う。

きびきびと自分の心境を語ることで、あなたは父親を説き伏せたのだ。

言い返す力は、相手の考えを変えさせるという魔法だって、スイスイやってのけるのである。

第四章

ご近所編

1　挨拶をしても無視

朝の空気は気持ちがいい。

その中で交わす「おはようございます！」。別に特別意味があるわけではないけれど、なぜかこの九文字の挨拶がさらに朝を新しくしてくれるような。

ところがあなたの近所に引っ越してきた一家は挨拶をいっさいしない。

「おはようございます」とあなたがニコッ。とたんにプイと横を向く。

「こんにちは」とあなたがすれ違いながら声をかけると、これまたプイだ。

猛烈に不愉快である。

町内の回覧板を持っていっても無言で受けとる。「ありがとう」でも「お世話さま」でもない。四人の家族がそれぞれムッとした表情なので、何か隠しごとでもあるのかしらと勘ぐりたくなる。

昨日は細い道でバッタリ。

「寒くなりましたね」とあなた。

相手はもちろん、プイと横を向いた。

そのたびに頭にくるのだが、すぐに忘れてまた挨拶をしてしまう。あなたにとって、挨拶は生活のリズムでもあるのだ。

たぶんその一家はあなたのような生活習慣を持っていないのだろう。

たとえ挨拶嫌いファミリーだとしても、声をかけてくれるあなたの心遣いにチラッと応えたって損はしないのに、どうしてそこまで頑《かたく》ななのだろう。

ひょっとしたら、あなたの明るさやさわやかさを怖れているのかもしれない。

行儀よくフレンドリーで品位のあるあなた。作法を知っていて鷹揚《おうよう》な印象を与えるあなた。そんなあなたに相手がビビッている場合だってありうる。

とにかく相手は一向に変わらない。

彼らに合わせて、あなたが挨拶を控えるのは何だかあちらのペースでシャクだから、あなたはあなたのやり方を通そう。

放っておけばいいじゃないか。

これからもあなたはあなたの流儀で暮らしてゆき、あちらはあちらだ。

社会には人の数だけ流儀がある。

生きる上でのしきたりは人それぞれ。

ただし、あなたの不愉快がどこからきているのかを知ることは大切だ。

相手のリアクションがあなたの予想を裏切ったことで、あなたは傷ついたのだと思う。

あなたの内側に住む、マナーを心得た〝いい人〟に相手は拒否反応を示したのだ。

それなのに、あなたの中の〝いい人〟がその拒否を受け入れられず、悶々《もんもん》としている。

あなたは相手から返された〝拒否反応〟をきちんと受け取ろう。

〝いい人〟くさい挨拶から脱皮して、時には微笑みと会釈で気持ちのやり取りをすることなども身につけよう。

その上で、時々はうっかり「おはようございます」と声をかけ、ああ、バカみたい、とちょっと自嘲気分を楽しむのだ。

〝いい人〟の習慣が乱れ、新たにいろいろな暮らし方があるのだという視点が加わったことが、あなたの収穫だ。

拒否されてもめげず、ひるまず、あなたはあなた。〝いい人〟から〝かわいい人〟を目指すのだ。

挨拶はコミュニケーションの原点。

試行錯誤がなくては進歩もない。

2　近所の雑音、騒音がやかましい

動物と一緒の暮らしは生活を朗らかにしてくれる。

あなたも動物は大好きだ。

しかし隣の家の犬はよく吠える。

犬自慢の会の元会長だとか、飼い主の噂は聞くが、とにかくあたりまえのように大きな顔をして犬を十四以上飼っている。

あなたの住まいは住宅地。それぞれの家族が犬の声に悩まされているのだが、みんな黙って我慢するだけだ。

敷地が広いのをいいことに、犬の数は毎年ふえていく。

とにかく隣近所に、「やかましくて申し訳ない」などという言葉のひとつもなく、私たちは先住者だぞと言わんばかりの横柄な態度だ。

去年は子どもが犬に嚙みつかれて問題になったが、いつのまにか揉《も》み消されて、子どもの側は泣き寝入りだった。

あなたは正義感が強いので、しょっちゅう何とかしたいと考える。

「あの、お宅の犬の声なんですが、やかましくて眠れないんです」と苦情を訴えたいのだ。

そのフレーズを暗記したものの、まだ実行には移せないでいる。

しかしそういう気持ちを胸に抱えているのはつらい。健康にもよくない気がする。

飼い主夫妻が変わる様子はない。あなたはこのままの状態を少しでも変えたいと願うが、自分の物言いで相手が動くとも思えない。

そんなときには、行政の力を借りて言い返そう。

公的な組織を調べ、相談する。

すぐに色よい返事がなくても、そこであきらめない。次から次へと検索して、目的にたどりつくまで追究しよう。

そのプロセスで得た知識は、きっと別のシーンで役に立つはずだ。

隣近所の雑音や騒音は、犬以外にも多種多様。ピアノの音。赤ん坊の泣き声。バイクの音。

また工場の多い地区では絶え間ない機械の音にストレスを感じる人もいる。音の他に臭いも気になるものだ。住宅街にあるレストランの排気口から油やガーリックのニオイ。煙草《タバコ》のニオイ。空き地に雑草が茂り、蚊が発生して近所が迷惑をしたり。

そうした、どこに向かって言い返したらいいのかわからないときのために管理人がいたり、役所の窓口があるのだ。

面倒くさいなあと思わずに、とっておきの好奇心に拍車をかけること。自分のこの小さな行動が、どのような動きにつながるのかを経験できるのは、相当ワクワク気分である。

自分が生きている環境に対してアレコレと注文をつけよう。

それはそこに住む人の義務なのだ。

署名運動やデモも、言い返す力のひとつ。大いに言い返し、心地よい社会を作ろう！

3　過剰なお世辞ばかり言ってくる

行きつけのスーパーマーケット。

混みはじめた夕方。立ち話をする二人。熱弁をふるっているのは、町内のご意見番。

「嫁がどうしようもなくてね、何もしないのよ。だから私はハラハラしっぱなし。そうしたら受かったっていうじゃないの。運が強い子なのねえ」と彼女は、私立の有名小学校に合格した孫の話に夢中だ。

「頭がいいのよねえ、お宅のお子さんたちは。息子さんたちも優秀だったし」と聞き手はさかんに相づちを打ち、お世辞で応酬する。

あなたは彼女たちにつかまったら大変だと、視界に入らないようにソロッと身をかわし、レジへ向かう。

次の日。

バス通り。歩いていると後ろから、声。

「あなた、いつも趣味がいいものを着ているわねえ」と例のご意見番だ。

「いいえ、とんでもない。これは姉のお古でそんな大したものじゃないんですよ」とあなた。

「そうお？　お宅のご主人、この間お見かけしたわよ。ご立派で、しかもハンサム」と彼女。

「まあ、ご冗談を」とあなた。

「あれじゃあ、もてるわよ」と彼女。

「いえいいえ」とあなた。

「お子さんたちもかわいいわねえ。躾もよくできていて、今どき珍しいことよ」と彼女。

あなたは返す言葉を探してモゾモゾ。過剰なお世辞を浴びせる彼女にはいつもマゴマゴしてしまうのだ。

「家《うち》の孫なんかもう嫁がなっちゃいないから、ハラハラしっぱなし。どうなることやら」と彼女。話題を孫に振って、受験のことを話したいのかな。用心、用心。

知らんぷりしよう。

そういう相手にとって、会話とはお世辞を言い、お世辞を言ってもらうことで成り立っているのかもしれない。

目下のところ、孫の合格の話をあなたにしたくて、ウズウズ。あなたからのお世辞を待ちかまえているのだろう。

ならば、あなたは彼女を喜ばせ我が意を得たりと思わせる質問はしてはいけない。

彼女の期待に応えないのだ。

「どうぞお世辞はおっしゃらないでください。本気にしますから」と逃げる。

もしも相手が「あら、お世辞なんかじゃありませんよ」と食い下がってきたら、さらに逃げる。

「私は花粉とお世辞にはアレルギーなんです」と強く拒絶する。

お世辞を〝受け取り拒否〟されたことで、ご意見番は多少気分を害するから、そこが狙いめ。

もしかしたらその腹いせに陰で逆襲されるかもしれないが、あなたはビクつかないことだ。

お世辞は、愛想よく相手の機嫌をとる挨拶である。相手に取り入るテクニックであり、偽善のはじまりだ。

本心ではなくうわべをとりつくろい、相手を持ちあげていい気にさせるなんて、言葉の犯罪じゃないか。

そんな企《たくら》みにあなたは加担してはいけない。

堂々とお世辞アレルギーを通そう。それだけでもう清々しい言い返す力を発動できる。

4　いい人なのだが立ち話が長い

ドアが閉まりかかったエレベーターが、開いた。「ありがとう！」と飛び込むあなた。隣人のCさんの機転に感謝する。

集合住宅の四階。二人は一緒に降りた。

とたんにCさんが話しはじめた。

「ねえ、この頃食べ物が安全かどうかってピリピリしちゃって、献立で頭を悩ますのよ」とCさん。

「ホントねえ」とあなた。

Cさんの話し好きはよく知っているので、あなたは言葉少なに共感してすばやくサヨナラしようと考える。でもなかなかそうはいかない。

間をあけずに、Cさんはポンポン話題を投げてきてあなたの自由を奪う。

「カラスがベランダのハーブにいたずらしてね。お宅は大丈夫？」とCさん。

「ああ、この間のあれはカラスだったのね。植木鉢がひっくりかえされていて……」とあなた。

「ハーブといえば、ローズマリーの苗よかったらあげるわよ」とCさん。

それに乗って彼女の家へ行ったら大変なことになる。お茶とクッキーが待っていて、いつ我が家に帰りつけるかわからなくなるだろう。前に懲りたのだ。

あなたはCさんのことを、〝いい人〟だが立ち話の長いのが玉にキズだと思っているが、あなただって相当〝いい人〟だ。

エレベーターに飛び込んで手に入れた時間を、あらら、開閉ボタンを押してくれたCさんに感謝しながら使い果たしてしまったじゃないか。

言い返す力を身につけないと、あなたはしょっちゅうままならぬ人間関係にイラついて生活することになる。

「ねえ、明日は雨だっていうけれど、当たるかしらね」とCさん。

以前なら、「当たればいいわねえ」とか「洗濯はやめとくわ」などとCさんの言葉のリフレインのごときひと言を返していたあなただが、今回はニッコリ笑いながら、「明日になればわかるでしょ」と軽く突き放し、話題の先をプツンと切り落としてしまおう。

Cさんは一瞬次の言葉が出てこず、〝間〟をあける。そこで、「じゃ、ごめんなさいね、ちょっと急ぐので」とサヨナラのきっかけをつかむ。

たとえば、「カラスの記憶力っていいんですって」とCさんに言われたら、同意や反論はせずに、論点を変えるのだ。

「今にカラスに地球がジャックされるかもしれない」とあなた。

Cさんはキョトン。

けれどそのやり方の繰り返しにCさんが慣れるということもありうる。

彼女はあなたの話を無視して、一方的に休みなく走り通すかもしれない。

あなたは腕時計を見る。

バッグの中のケイタイを手で探す。

「大変！　約束の時刻を過ぎてる。失礼します」とあなたは慌ただしく家のドアに鍵を差し込む。

Cさんに時間を略奪されないための作戦には、ウソも知的な手立てだ。彼女を傷つけるのが目的ではない、自分を守るためのひとり芝居は時には必要である。

〝いい人〟のイメージに縛られると、言い返す力は身につかない。他人にとって〝いい人〟であろうとしなくていいのだ。その結果、他人からの好かれ度が低くなっても、自分自身からの好かれ度がアップすれば、そのほうがウキウキと楽しくなる。

アレコレ我慢する努力をするよりも、もっと自分による自分自身の評判を気にかけよう。そうすれば、もっと自分を好きになれる。

5　親切、好意がちょっとうるさい

高層マンション建設反対の署名運動に協力したことで知り合ったDさん。積極的に社会問題に取り組む生き方に、あなたは刺戟《しげき》された。さまざまな集会に参加する一方でコンサートへもたびたび行くという。旅行も好きだとか。

独り暮らしを謳歌《おうか》しているDさんは、子育てで手一杯のあなたには羨ましい限りだ。

「あのね、遊園地のチケットもらったんだけど、よかったら使って。無駄にするともったいないから」とDさん。

「悪いなあ、でも助かるわ。ありがとうございます！　いただきます」とあなた。

お礼にチョコレートをプレゼントした。

すると今度は旅行のお土産が届いた。

知り合いから送られたといって、果物やジュースが送られてきた。だんだんプレゼント合戦みたいになってきて、あなたは当惑。どうしたらいいのだろう。

「独りなので食べきれません。どうぞ助けてください。お口に合うことを祈りつつ」という言葉が添えられていて、断りたくても断れない。

「もうお気遣いなく。いただくばかりで心苦しいです」とあなたはメールを送った。

「遠慮なさらないで。あなたのおかげで私は救われています」とDさんからの返信があった。

さらに、「あなたのような友だちができてうれしいです」というDさんからのメールだ。

あなたとしたら、彼女とはまだ知り合ってから時間がたっていないし、彼女についても詳しく知らないので友だちだとは思っていない。彼女の思い込みが怖い。ますます一線を画することが必要になった。

そこであなたは彼女に言う。

「私、いただくことに慣れてなくて、あなたからいただくたびにお返しのことで悩むんです」とあなた。

「そんな！　お返しなんていらないわよ」とDさん。

「誕生日だって、お中元やお歳暮だって、年に一回。しょっちゅうじゃ有難みが薄れます」とあなた。

「友だちなんだからいいじゃないの」とDさん。

あなたはイラッとするが、〝友だち〟発言に対して「私たちはまだ友だちではない」と言ったりしないように。あなたを友だちだと思いたい相手は、裏切られた気がして傷つくだろう。

目下のテーマは〝プレゼント合戦〟。それが片づけば〝友だち〟云々《うんぬん》も自然消滅するから、今はそのことには触れないでおこう。

言葉では説得できなかったら、次のステップへ。

あなたから絶対にお返しをしないことだ。

距離を置き、連絡も音信不通状態に。

失礼に当たることをあえてすることで、Dさんに「失礼な人だ！」と怒る理由を与えるのだ。

これまでは失礼な人だと思われたくないために、あなたはDさんに合わせてきたわけだが、もう限界だ。

それでも送ってきたら、受け取りを拒否しよう。

言葉と態度で穏やかに「ノー」を表現し、くっきりとけじめをつける言い返し方で、Dさんの大人度に訴えることだ。

きっと彼女もわかってくれるだろう。

6　興味のないものにたびたび誘われる

小学校の同級生たちと〝格安香港《ホンコン》三泊四日〟旅行に出かけて以来、近所に住むEさんとはよく逢うようになった。

「あなた、健康管理どんなことしてるの?」とEさん。

「別に。できるだけいろんな種類のものを食べたほうがいいんでしょ?　難しいわね」とあなた。

「サプリメントは?」とEさん。

「全然。知識もないしね」とあなた。

「だったら、いいモノを紹介するわよ。私ね、健康の会に入ってるの。あなたも会員にならない?」とEさん。

「なあに?　それ」とあなた。

早速パンフレットが送られてきた。

ちょっと怪しげ。孫会員から子会員へ、子会員から親会員へ、会費や代金を送る販売組織だ。

「どう、入らない？」とEさん。

「ごめん、興味ないなあ」とあなた。

「そうか、残念ね」とEさん。

しばらくして、バスで一緒になった。

「あら、元気ないみたい」とEさん。

「私？」とあなた。

「ちょっと顔色悪いんじゃないの？」とEさん。

「ええっ？　そう見える？」とあなた。

「うん、最初あなただってわからなかった」とEさん。

あなたはドキッ。ホント？　そんなバカな！　食欲はあるし痩せてもいないし、よく眠れるし……どこが悪いのよ？

「何かあったらメールちょうだいね。私にできることがあるかもしれないから」とEさんはあなたの肩をたたいてバスを降りた。

そのことを家に帰って夫に話すと、「例の何とか会に入れたいんだろ？　おまえはスキがあるからな」とニヤリ。

あなたはしばし記憶をチェックする。フーム、なるほど、私にはスキがあるのか。気をつけよう。

パン屋の店先でまたEさんに逢った。

「私、生命保険会社のパートをやることにしたの。あなた、もしよかったら」とEさん。

また来たか。

「あのね、家《うち》は夫の知りあいに任せっきり。それで精一杯」とあなた。

これまでは何となく曖昧に断ってきたが、もうそれでは通用しない。キッチリ答えないと次々に誘われる。

言い返す力は、あやふやであってはダメ。

いくつにも意味が取れるどっちつかずの反応は、相手にとっては好都合だ。そこにつけ込む機会がある。つまり、スキだ。

Eさんにとってあなたはカモなのかもしれない。利用しやすい〝いい人〟なのだ。

あまりしつこくさまざまな勧誘を受けたら、超強力の言い返すフレーズでEさんをシャットアウトしてしまおう。

「今日は私からお願いがあるのよ。あなたに保証人になってもらいたいことがあってね。相談に乗ってほしいの」とあなた。

世事にたけたEさん。

〝保証人〟と聞いて、きっとあなたから遠ざかっていくのでは。

言い返す力には、相手を怖がらせる力もあるのだ。

第五章

学校編

1 無理やりPTAの役員を押しつけられる

忘年会や同窓会の幹事、イベントの司会役が好きで好きでたまらない人がいる。「やっぱりあなたしかいないのよ。お願い、引き受けて」と頼まれると、「やぁねえ」と言いながら内心フフフとうれしいのだ。

あなたはその正反対。

表立ったことは苦手だ。裏方のほうが気がラクで内気な自分に合うと思っている。

先週PTAの集まりの日、あなたは親戚に不幸があり欠席した。

すると翌日、役員からメールがきた。

あなたが次の役員に選ばれたのでよろしく、という内容だった。

早速あなたは役員に連絡を取り、「私には無理だわ。皆さんに迷惑をかけるだけよ。他の方にお願いして」と辞退した。

「ダメダメ。全員一致で決まったんだから」と役員。取りあってくれない。

「だって私、口下手だし……経験もないし。どなたかもっとふさわしい方に、お願いしてよ」とあなた。

けれど相手は厳しい口調で、あなたの困惑にはおかまいなく用件だけを伝達する。

「引き継ぎの書類は郵送します。どうぞよろしくお願いいたします」と役員。

そこまで事務的に突っぱねられると、子どもの親としても無責任に「ノー」とは言えなくなる。「承知しました」とあなた。

それにしてもどうして私が？　と割り切れない気持ちが残る。自信がないから断ったのに、自信がないからスッパリ断り切れなかったのだ。自信がないって情けないことなんだとあらためて悩む。

夫と子どもたちに相談した。全員が「やってみれば？」と応援ムード。

もう、やるしかないのか。

そう、やるしかないのだ。

ＰＴＡの役員を引き受けることであなたは自信をつけ、言い返す力を身につけよう。

あなたは、これまで表立ったことを避けて裏方にまわってきたのは、自分の性格が内気だからだと思い込んでいる。

しかし裏方なら、自分の考えを述べることなく誰かの陰に隠れて「イエス」と「ノー」を曖昧にしたままでも済むので、あなたはそこが気に入って裏方に徹してきたのではないだろうか。

ＰＴＡの役員を務めることになれば、そうはいかない。

会議の場面では、常にあなたは「イエス」か「ノー」のどちらかを選択しなければならなくなる。議題についての意見も求められるだろう。

あなたはさまざまな状況に身を置き、さまざまな人たちに逢う。そのたびにあなたの感情は新しい反応をするはずだ。たぶんあなたは自分の新しい感情にびっくりして、それをすべて抑え込もうと必死になるに違いない。

そこがポイントだ。抑え込むのは間違いである。

新しい感情を抑え込まずにひとつひとつを味わうこと。苦しくてもそうすることだ。

たとえあなたがまとまった意見を言えずに恥ずかしい想いをしたとしても、それをもみ消し一刻も早く忘れてしまおうとしないで、しばし恥ずかしさを味わうのである。

あなたが日頃から自分自身に自信を持てないのは、能力の不足からきているのではない。

経験不足。それに尽きる。

あなたには〝恥〟をかく経験が不足している。自分の弱さや欠点と向きあう経験が不足している。失敗を受け入れる経験も足りない。とりたてて言うほど変わったことがない毎日を望み、これといった特色はなくても非難されない暮らし方をしたいと、無事に無難に生きてきたあなた。ＰＴＡの役員を押しつけられたことはあなたにとって素敵なチャンスだ。たくさんの〝恥〟を経験しよう。〝弱さ〟も経験しよう。苦い感情やヨロヨロした感情を味わうことであらゆる経験があなたのものになるのだ。

自分に自信をつけられるのは自分しかいない。自分の弱さを自分が認めたとき、それが自信のかけらになる。かけらコレクションをしよう。

役員の任期が終了したとき、あなたはきっと言い返す力を身につけているだろう。その力はフライパンみたいに万能で、あなたはもう手放せなくなるに違いない。

2　子どもの担任教師が「この志望校は厳しい」

保護者面談の日。

「フーム、そうか、なるほど、しかしねぇ」

と子どもの担任教師が首をかしげる。

あなたは黙って言葉を待つ。

「そうねえ、この志望校はちょっと彼には無理じゃないかなあ」と教師。

「あの、試験のレベルが高いのですか？」とあなた。

「そう、お宅のお子さんの実力では合格はお約束できませんねえ」と教師。

要するに、成績がよくないので志望校は無理だということか、とあなたは理解したものの、あきらめきれない。

家族に相談する。

夫は、どこの高校でもいいじゃないかと言うが、本人はできるなら受験したいと、一途《いちず》だ。

再度、あなたは教師に逢う。

「どうしても第一志望を受験したいと申しております。ぜひお願いいたします」とあなた。

「お気持ちはわかりますが、でもねえ、落ちるとわかっているところを受験しても仕方ないんじゃないですか？」と教師。

教師にすれば、受験した生徒が合格すれば自分の成績アップになるが、不合格なら反対になる。

「そこをなんとか。落ちないように勉強させますから、先生」とあなた。

「教師としては、受かることを目標にしていますからね。落ちるとわかっているところはお勧めできませんよ」と教師。

「それに子どもは落ちた場合ショックを受けますからね」と教師はもうひと言。

あなたとしてもそこは多少心配である。

こうなったら本人に事情を話して、彼の覚悟を問いただそう。

「どうしてもあの高校に入りたいの？」とあなた。

「そりゃあね。入れるならね」と息子。

「でも先生はあなたには難しいって」とあなた。

「うん、そうかもしれない。でも試したいんだ」と彼。

「落ちたらショックでしょう?」とあなた。

「だけど受けて落ちるのと、受けないで入れないのとでは違うじゃないか。落ちたら自分の力が足りないってことだし……」と彼。

「落ちたらあきらめるの?」とあなた。

「あきらめるんじゃなく、納得がいくでしょ?」と彼。

あなたは息子の言葉に感動した。

そのままを教師に話そうと思う。

試験というのは、性質や力などを調べるために検査することだ。得意な分野が出題されることもあるし苦手な質問ばかりの場合もある。

合格、不合格は時の運だ。

あなたは勇気を持って先生にかけあおう。

言い返すことは、相手の「ノー」を「イエス」に変えることではなく、横を向いた相手の顔をこちらに向けさせるための行為だ。

たとえば担任教師がビクともせず頑固ぶりを通そうとするなら、子どもの成績が上がったら志望校の受験がＯＫになるかを訊く。

実力が不足しているなら、実力をつければいいのだ。

あなたは息子にその条件を伝え、彼の発奮を促す。

最終的には、受験は受験者の問題だ。彼が納得がいくように、彼の声を聞くことである。

あなたは先生を言い負かせなかったとしても、ぶつかっていったことで言い返したのだ。

勝った負けたは関係ない。言い返す力の到達点は〝納得〟である。あなたの納得、子どもの納得。そこを目指そう。

3　いつまでもまとまらないＰＴＡの集会

ＰＴＡの集まりの日。

今月のテーマは〝文化祭〟だ。

日程。会場。参加者、入場者、来賓など人数の確認。印刷物にかかる費用の割り出し、協賛及び提供会社への要請、自転車置き場の設置、出店他、決めなければならない問題が山積みである。

積極的な意見は少なく、もうひとつ盛り上がりに欠ける雰囲気だったが、出店のメニューが議題にのぼると、全員の顔がほころんだ。

役員のあなたは昨年の報告をする。

「メニューは、焼きソバと豚汁でした。大変な人気で、食べたくても食べられなかったという苦情がいっぱいきました。そこで今年は出店の数を三倍に増やし、量も大幅に増やしたいと思いますが、いかがでしょうか？」

全員が賛成した。

「焼きソバって、ニューヨークでも何かのイベントで受けたって話よ。私たちの学校の名物にすべく、みんなで腕をふるいましょうよ」と誰かが張り切る。

「最近はアジア系って海外でも評判いいらしいからね」という声。

「ブータンでも焼きソバあるのかな」という声。

「ああ、ブータンのワンチュク国王とペマ王妃って、ステキだよね」

「すごい、名前おぼえてるの？」

「そうよ、チャーミングだったじゃない？　追っかけしたかったくらいよ」

「ほら、被災地の小学校で、自分の龍《りゅう》を養いなさいって言った話知ってる？　イケメンで頭よくて優しくて、最高」

「ブータンに行ってみたい！」

「私も」「私も」「私も」

ＰＴＡの集まりはブータンの話で持ちきり。テーマの〝文化祭〟はそっちのけだ。

「あの、ではテーマにもどりたいのですが」

あなたは静かににこやかに、彼女たちに切り出す。

PTAのテーマとは別の方向に話の流れがいってしまっても、あわてないことだ。

「待ってください。そういう話はやめて、本題にもどりましょう」とは、言わないように。

PTAの集まりで意見を求められると黙ってしまう人も、週刊誌やTVをにぎわせている話題についてなら、口が軽くなるものだ。あなたはそうしたおしゃべりに耳を傾け、パパッとその日の議案を結びつけるスキルを身につけよう。

「ブータンのPTAの集まりをのぞいてみたいですね」とあなた。

そのひと言で、きっと笑いが湧きあがるはずだ。

会社の会議と異なり、議案をトントンと運ぶことに馴《な》れていないお母さんたちから意見を引き出すには、多少雑談っぽいムードになってもいいのだ。

緊張がほぐれ友好的な気分になったほうが、奇抜な発想が出てくる可能性が高い。

「ブータン風辛め焼きソバってどう？」

「いいですねー！　では材料の調達は○○さんにお願いしてもよろしいですか？」

「じゃ、私にポスターの作成係をやらせて。ブータンの国旗ってどういうのだったかしら……」

時計を見ながら、みんなの声のトーンが弾んでいるかな、雑談も終わりそうだな、というタイミングをとらえて、まとめに入ろう。

帰宅時刻を気にしはじめたお母さんたちは能率よく議決に応じるだろうし、不満を訴えることもなくスムーズに会合はお開きにと進行する。

複数の人たちを相手に単数のあなたが言い返すには、彼女たちを敵に回してはダメ。彼女たちの流れの先頭に立ち、ゆるやかに舵《かじ》を取るのがコツだ。

4　子どもがイジメに遭っているらしいが、真相がわからない

学校から帰ってきた子どもが「ただいま」も言わずに自分の部屋へ。夕食まで出てこない。

「どうしたの？　元気ないじゃないの？」とあなた。

「別に……」と子ども。

最近よくこういう会話を交わすのだ。

部活についても何も話そうとしないし、子どもが一体何を考えているのか見当もつかない。あなたの心配は募る。

もしやイジメに遭っているのでは？

「ねえ、学校の友だちと仲良くしてる？」とあなた。

「ああ……」と子ども。

「△△君、この頃遊びにこないじゃない？」とあなた。

「ああ……」と子ども。

夕食のテーブルでそういう話題になると、夫はさかんに気を遣う。

「もういいよ。さ、食べろ、食べろ」と夫。

子どもは黙ってうなずく。

夫の目くばせで、あなたは質問を打ち切る。

ＰＴＡの集まりの日。

イジメの問題は毎回とりあげられる。

しかしなかなか実態がつかめず、親たちの持ち寄る情報も似たような内容で、結局何も解明できない。

ある日、子どもが顔を殴打されたような面相で帰ってきた。

「どうしたの？」

「別に……」

「なぐられたの？」

「別に……」

「誰にやられたの？」

「うるさいなあ」

「ホントのことを言いなさい。誰かにイジメられてるの？　隠しちゃダメ！」

子どもは答えない。

彼の無言の抵抗に対しヒステリックにガンガン質問しても、子どもはかたく口を閉ざすだけ。子どもには、大人が想像しえないようなプライドがあるのだ。たとえ、クラスでイジメに遭っていたとしても、それを打ち明ければ自分自身が敗者になると思い込んでいるのだ。だからじっとこらえている。

母親に心配をかけたくない気持ちも手伝って、とにかく沈黙でバリアを作り、そこに立てこもる。

あなたは何とか訊き出そうと必死になる。

「誰が？」「いつ？」「どこで？」「なぜ？」という質問を次から次に子どもに浴びせてしまうのだ。

学校の教師にも相談する。教師は「そういう事実はない」と取りあえずの返答しかしないだろう。

あなたは子どもの親として彼を守らなくちゃと、じっとしていられない。けれどこの際〝訊き込み〟に走ると、かえって子どもを追いつめることになる。

このような状況に立ち向かうには、声より眼の力が求められる。子どもの表情、話し方、成績、友だち関係などを、じっくり観察しよう。

子どもの変化を見落とさないことである。彼はあなたの眼が発する力をちゃんと受けとり、安心したり励まされたりしているはずだ。

十代の子どもたちは、子どもであって子どもではない。大人ではないが大人でもある。成長期の、最も感情が複雑になる時期だ。

子どものプライドを尊重しよう。

一人前の大人と同じに扱おう。

母親は子どもに対して威張る存在ではなく、誰よりも子どもの自尊心を大切に考える存在なのだと知らせること。それもまた言い返す力なのだ。

5　担任教師とソリが合わない

子どもが学校から帰ってきて言う。

「お母さん、新しい先生が〝私の修理工場〟っていうのを書かせたよ」

「なに？　それ」とあなた。

「自分の短所と長所をクラスの友だちに書いてもらうんだよ。短所を直すためだって」と子ども。

「みんなで欠点のない良い子になりましょうってこと？」とあなた。

「らしいね」と子ども。

保護者面談の日、あなたは早速、新任教師にそのことを問いただした。

「自分の欠点を知ることで子どもは成長しますから、このやり方は間違っていないと思います」と教師。

「でも、子どもに対して〝修理〟なんて言い方は失礼じゃありませんか？」とあなた。

教師はそれには答えず、ツーンとすましている。あなたはカッカしてきた。

「先生は子どもを矯正なさろうとするおつもりですか?」とあなた。

「あの、ここは学校ですからね。子どもをバランスの取れた、協調性のある人間に育てなくてはなりません」と教師はビクともしない。自信たっぷりの口調だ。

あなたは教師のアイシャドーの色まで気になってくる。ブルーが濃すぎる!

「先生、お言葉ですが、歯並びの矯正とはわけが違います。子どもの個性を型にはめるのが教育とは思えませんが」とあなた。

「お母さん方は、かわいいかわいいとお子さんをただかわいがるだけで、どういう子なのかよくわかっていらっしゃらないんです」と教師。

「よくわかっています」とあなた。

「錯覚してらっしゃいますね。身びいきは仕方がありませんけど」と教師。

「身びいきじゃありません。そんなふうに決めつけないでください」とあなた。

「とにかく私は私のやり方でやりたいと考えています」と教師。

教師の子ども観、教育、成長、学校などに関する考え方は、あなたのそれとことごとく異なる。

いくら時間をかけて話をしても平行線だろう。どんどん雰囲気が暗くなり、こじれこじれてほどけなくなってしまうに違いない。

そこで、周囲の力を借りよう。一対一では終わりなき平行線でも、他の人たちの力が交ざると想定外の動きが生まれる。

あなたはPTAの集まりで、〝私の修理工場〟の件を議題として取り上げることにする。

「みなさん、〝私の修理工場〟という授業があったこと、ご存じですか？」とあなた。他の子どもたちの意見を聞き、保護者の考えも聞くという段取りで、ていねいに何回か議題にかけるのだ。

「子どもの個性を引き出すのが教育ではないでしょうか。先生の目標が一律横並び教育でしたら、将来子どもたちはどうなるのか、親として不安です。子どもはモルモットですか？」とあなた。

意見がいろいろ出てきたところで、あなたがピシッと厳しくクールに発言するのだ。共感する保護者。彼らの意見をまとめて、言い返す態勢を整えよう。

教師の考え方が絶対ではない。

感受性の強い有能な子どもたちを、よりスクスクのびのび明るく育てるためには、親たちの言い返す力が欠かせない。

一人分の言い返す力は小さな行為に過ぎないが、たくさん集まれば行動になり、現状を変えられる。

第六章

ママ友編

1　話題はいつも愚痴、愚痴、愚痴……

女優かモデルかと思わせるような外見の持ち主Fさん。

けれど話しはじめると、話題はいつも愚痴ばかりだ。

「お宅はいいわねえ、お年寄りがいないんでしょ？　うちは大変。夫の両親と同居だから。病院に送り迎えしたりで、私はまるでお抱えの運転手みたい」とFさん。

「でも、お嬢ちゃんをみてくださる方がいらしていいじゃない。羨ましいわ」とあなた。

「あら、結構自分勝手なのよ、義父《ちち》も義母《はは》も。歌舞伎や書道展なんかに行くときは急に元気になるけど、孫の面倒はなかなかみてくれないの」とFさん。

「でもにぎやかでいいじゃない」とあなた。

「そんな！　うるさいだけよ」とFさん。

いくらあなたが「でも」と言って明るい視点で話そうとしても、彼女は愚痴エリアから一歩も出ようとしない。

愚痴を羅列することで、あなたの同情を買おうとしているらしい。

ちょっとした悲劇のヒロイン気取りだ。

言い返す力を発揮する準備運動として、あなたは彼女のヒロイン気取りの部分に呼びかけてみよう。

「あなたみたいにキレイで幸せそうな人が、どうしてそんなにつらい想いを味わわなければならないのかしらね」とあなた。

「私だって一所懸命頑張っているのに、料理が下手だって夫にも義母にもヤイヤイ言われるのよ。毎日そう言われたら誰だって落ち込むわよねえ」とFさん。

「毎日言われるの？」とあなた。

「そう、ほとんど毎日」とFさん。

「だったら料理教室へ通って凄腕《すごうで》になって、みんなを見返してやったら？」とあなた。

「行ったわよ。行ったけど上手《うま》くならないのよ。そもそも夫や義母たちと味覚が違うし」とFさん。

言っても仕方がないことをえんえんと聞かされるのは疲れるし、時間のムダでもある。

さ、言い返すタイミングがやってきた。

「あなたってシンデレラに似てる。キレイすぎて優しすぎて、感じやすいのよ。だけど、シンデレラは自分の不幸に立ち向かっていったでしょう？　周囲からいろいろ言われても、シンデレラはブツブツ言わずに自己表現と自己主張をして、自己実現の旅に出発したじゃない？　あなたも不幸に甘んじていてはいけないわ」とあなた。

「ヤダ、私、不幸ってわけじゃないのよ」とFさん。

「ああ、そうなのか。じゃ、よかった。私の友だちで愚痴の多い人は、みんな不幸な人ばかりだから」とあなた。

「あら、私、愚痴なんか言わないわよ」とFさん。

「ごめんなさい。私の早とちりかもね。愚痴に聞こえちゃったの。私の耳が悪いのね。怒らないで、ごめん、ごめん」とあなた。

あなたは最後までゆったりした温かい話し方を心掛けよう。「ごめん、ごめん」と言われたら彼女はもう黙るしかない。

あなたに寄りかかり甘えたかったのかもしれないが、それは無理だということは感じ取ったはずだ。

あなたのシンデレラのたとえは飛躍しているが、それでいいのだ。

彼女はシンデレラを引き合いに出されてびっくりするが、ロマンチックな気分にもなる。

サプライズのひと言。

それが後味のよい言い返す力を生み出す。

2 優越感たっぷりに家族自慢をしてくる

子どもの幼稚園で知り合ったママ友Gさん。

園児の送迎バスの停留所。

子どもの帰りを待つあなたとGさん。

Gさんがあなたに話しかける。

「実は私、ここへ来るまで田園調布《でんえんちょうふ》に住んでいたんです」

「まあ、スゴイ。高級住宅街でしょう?」とあなた。

「ええ、まあね。いとこが広い土地を持っているので」とGさん。

あなたとしたら、「どうしてそこを離れてここへ?」と訊きたいところだが、立ち入ったことなので控える。

「兄がハワイのハーバーにヨットを置いていてね。だから夏休みにはハワイに一軒家を借りて、家族で行こうかなと思って……」とGさん。

いきなり非日常的かつ超セレブな話題を向けられて、あなたはキョトン。

「すごーい。ワァ、私には別世界だわ。想像もつかない。ゴージャスねえ」とあなた。

送迎バスだ。Gさんとの会話はそこまでだった。

その後、幼稚園で集まりがあった。ちょっとした注意事項と報告が終わり休憩に入ると、あなたを見つけてGさんが寄ってきた。

「あの、さっきいろいろお話をされた先生、どこの学校を出てらっしゃるの？」とGさん。

「さあ、私は知らないわ」とあなた。

「出身校によって、教え方が違いますものね。私のとこは親戚が大体、一流大出身なんですよ」とGさん。

あなたはGさんが一体何を言いたいのか、把握できないでいる。

「うちは祖父が学校へ行くなら国立しか許さないぞと厳しくて、もう大変でした」とGさん。

あなたは何が大変なのかチンプンカンプン。ただひとつよくわかったのは、Gさんが華麗なる一族の自慢話をしたいということだ。

聞き手のあなたは「ええっ？　スゴイッ！　まあー」と驚嘆しつつ、本心は退屈である。

そろそろ言い返したい気分になってきた。

Gさんはあたかも自己紹介の代わりであるかのように、自分が暮らしている環境と家系をくだくだと述べる。

優越感を抱いているのだ。

しかし自分が他より優れていると自覚する快感は、しょせんうわべだけのものだ。

そんな優越感いっぱいの話し方をするのは、同時に彼女がコンプレックスを抱えている証拠でもある。

優越感はコンプレックスの裏返しとも言えるのだ。

周囲の人たちにバカにされたくないために、家系の華やかな部分を誇るのだが、それがかえってバカにされる原因を作っている。

Gさんは他人を意識しすぎて、偉そうに振舞う。もったいぶる。

あなたは彼女に言う。

「この地域ではね、派手な話題が苦手な人が多いのよ。お子さんにシワ寄せがいくこともありうるから、家系の華やかさをあまり前面に押し出すのはマイナスよ」とあなた。

「あら、私はそんなつもりじゃ」とGさん。

「ええ、そうでしょうね。でも人間って嫉妬深いじゃない？　あなたみたいに恵まれている人は少ないのよ。トラブルや不安でつらく生きている人の気持ちを逆《さか》撫《な》でしちゃまずいから」とあなた。

あなたの口調には彼女をバカにした様子はなく、友好的で優しい。

優しさは、言い返す力の核である。

あなたが彼女の虚栄心やコンプレックスに関心を持たないのは、優しさなのだ。

もしかしたら彼女は、その優しさに飢えていたのかもしれない。

3　貸した本やDVDが返ってこない

料理上手なあなたの家へママ友を二人、ランチに招いた。

陽ざしが降り注ぐテーブルにパスタとサラダが並び、おしゃべりが弾む。

さまざまな本がギューギュー詰めの本棚。DVDやCDの山。ママ友の関心を引く材料がいっぱいの部屋だ。

「すごい！　この本みんな読んだの？」とHさん。

「私はひとりっ子だから、本が友だちなのよ」とあなた。

「へえ、今どき珍しいじゃないの。あら、観たかったDVDがある！　ねえ、もしよかったら貸してくれない？　ちょっとだけよ。すぐ返すから」とIさん。

「どうぞ、いいわよ」とあなた。

「ホント？　ありがとう。ワ、この料理のレシピもステキ。コピーさせてくれる？」とIさん。

結局、ＩさんはＤＶＤを二本と本を三冊抱えて大喜びで帰っていった。

それから二週間。

「あのＤＶＤ、もうちょっと貸しといてね」というメールがあり、さらに二週間が過ぎた。

あなたは「ＤＶＤを観たい人が待っています。よろしくね」とやんわり催促した。

けれどそのままだ。

メールを送ってあるので、小学校の集まりのときには黙っているあなた。それをいいことにＩさんは「近く伺います」というメールを何回も送ってきて、行動はナシ。

ついにあなたは面と向かって、返却を求める覚悟を決めた。

こちらが貸し手なのに、なぜこんなに緊張したり言いづらかったりするのか、あなたはＩさんにも自分自身にも腹が立っている。

「あの、この間お貸ししたＤＶＤと本ね、もう待っていられないの。こんなに長くなると思っていなかったので、困っているのよ」とあなた。

ここまできたら「いつ返してくれる？」とか「いつ頃なら大丈夫？」などと相

手に主導権を渡すような言い方はダメ。

言葉遣いはていねいに、口調はキリッと厳しく、相手に答えなければならないと責任を自覚させるように話そう。

「アメリカだと、こんな日常的な問題にも、弁護士が入ったりするらしいわよ」とあなたはとどめを刺す。

あなたの親切心に甘えたIさん。

彼女はものごとを軽く安易に考える性格なので、あなたのていねいさと厳しさにはドキッとするだろう。

IさんにDVDと本を貸したためにあなたがプレッシャーでキリキリするなんて、割に合わない。でも貸してしまったのだから、最後まで〝言い返す力〟を駆使して、DVDと本を取りもどす努力をするしかない。

そのできごとをきっかけにIさんとの関係に溝ができ、ママ友をひとり失ったとしても、別にいいじゃないか。Iさんとあなたとはもともと価値観が違うのだ。

これからは「貸して！」を断る〝言い返す力〟も必要だ。

和服、アクセサリー、スーツケース、スキー一式、車などを貸した後でトラブルが発生する場合も少なくない。

ケチと思われたくなくて見栄を張って貸すなんて大バカだ。

断り上手は、虚栄心を捨てることからはじまる。

「私は臆病でネガティブなの。このＤＶＤや本が万が一もどってこなかったらどうしようって、貸す前から不安で青くなるの。あなたを信用していないからじゃなくてね、世の中っていろんなことがあるじゃない？　一寸先は闇ってホントね」とあなた。

相手はあなたに言い返す力を吸い取られ、きっと「そうねえ」と同意するに違いない。

4 ふた言めには「私って田舎者だから」

いつもひかえめで謙虚なJさん。

しゃしゃりでるタイプのママ友の陰で、あまり喋らずニコニコと穏やかな表情を浮かべている。

「Jさん、ヘアスタイル変えたのね」とKさん。

ママ友たちがお茶を楽しむ駅前のカフェだ。Kさんの言葉にJさんは恥ずかしそうにうなずく。

「とても似合ってる。若々しい感じ」とあなた。

「田舎者だから、少しキレイにしないと見劣りするので」とJさん。小さな声である。

「ねえ、今度、鎌倉《かまくら》へ行きたいね。あじさいの頃とか」とKさん。

「行きましょう、行きましょう」とあなた。

「ずいぶんごぶさただなあ、鎌倉」とKさん。

あなたはJさんに向かって話しかけた。

「鎌倉って山も海もあっていいよね」

するとJさんは首を振る。

「私、田舎者だから鎌倉って行ったことがないの」

あなたは、Jさんがふた言めには「田舎者だから」と言うのが気になってしょうがない。

モノを知らないということを、〝田舎者〟をかくれミノにして言いわけしているのかもしれない。牽制《けんせい》しているのかもしれない。

誰だって知らないことや行っていない場所はあるのだから、〝田舎者〟だなんて言わなくてもいいのにと、あなたは思う。

カフェ自慢のチーズケーキを大事そうに口に運びながら「ホールごと食べたいなあ」とあなた。

「カロリー、考えてみて」とKさんは笑った。

Jさんは「美味しい」「まずい」「好き」「嫌い」をほとんど言葉にしない。

「Jさん、チーズケーキ、嫌い？」とあなたは訊く。

「そんなことないけど。ただ田舎者だから何て言っていいか……」とJさん。

あなたは、「ピンポーン、そのフレーズもう禁句にしない？」と言いたくてたまらないのだが、Jさんの反応が怖くて黙っている。

言い返す力は相手を傷つける力ではなく、気づかせる力なのだ。

あなたはジャブで相手を揺さぶろう。

「あなたはよく田舎者だって言うけど、私だって都会へ行ったら田舎者よ」

「あなたは田舎者には見えないから、その口グセは似合わないなあ」

「ダメダメ、田舎者ぶっても容赦しないからね！」

などとユーモアを込めて、あなたはあえて〝田舎者〟の言葉に焦点を当てるのだ。

Jさんが自分自身を〝田舎者〟という心理の裏には、卑下した気持ちや服従、妥協の心が混じっているのだろう。長い物には巻かれろの精神もあるかもしれない。

Jさんに意見がないわけではないのだが、言葉にする自信がないので、謙虚な態度とへりくだった物言いで急場を乗り切ろうとしているのだ。

それではJさんはママ友との出逢いを楽しめないし、ママ友の側でもJさんとの出逢いを楽しめない。

「あなた、どう思う？」

「あなたの故郷の話、聞かせて。お正月のお雑煮は何を入れるの？　ワ、食べてみたい！」

などとJさんがこころのドアを開けざるをえないような質問をして、彼女に喋らせよう。

言い返す力は、言葉のダンス。時間を忘れて踊って踊って、出逢いを楽しもう！

5 「どこで買ったの？ いくら？」と詮索がとまらない

Lさんは声が大きくてゲラゲラ笑う。よく言えば屈託のない性格だが、一面ががさつでデリカシーに欠ける。

病院通いの家族を持つ相手に向かって、「がんの検査って面倒くさくてね。お金もバカにならないし。かかる人は検査してもかかるっていうわよね」と平気で話す。もちろん、事情を知りながらである。

郵便局。

順番を待っているあなた。

「あら、しばらく！」と大きな声。Lさんだ。

「三連休前にとあせってきたのよ」と彼女はあなたの隣に坐《すわ》る。

「そのブラウス、素敵。どこで買ったの？」とLさん。突然の質問に、あなたはポカーン。

「それ、そのブラウスよ」とLさん。

「確かデパートのセールだったと思うわ」とあなた。

「いくらだった？　高かったでしょ？」とLさん。

「さあ、もう大分前だから……忘れちゃったわ」とあなた。

「ねえ、三連休の予算、お宅はいくら？」とLさん。

またまたあなたはすぐには答えられない。

「予算？　どういう意味？」とあなた。

「どこかへ出かけるんでしょ？　どのくらいの費用を考えているの？」とLさん。

こんなに近くで、しかも一対一で彼女と話をしたことのないあなたは、単刀直入かつ現実的なLさんの質問にあたふたした。

「ええっ？　困っちゃったなあ。費用のことなんか考えてないわ、まだ」とあなた。

「余裕がある証拠ね。ところであなた、株とか証券とかやってるの？」とLさん。

あなたはもうただただビックリ眼《まなこ》で、声も出ない。

順番を呼ばれたのをこれ幸いと、逃げ切った。

一週間後。薬局で買いものをしていると、またしてもLさんが現れた。

「最近よく逢うわねえ、私たち」とLさん。

「ホント」とあなた。

「ここは高いものと安いものとの差が激しいから、ちゃんとチェックしないと損よ」とLさん。

「まあ、そうなの？　ありがとうございます」とあなた。

Lさんの関心が〝安い〟〝高い〟のお金にあるということが、あなたには痛いほどハッキリわかってきた。

だからといって、そういう彼女を頭で理解しただけでは何も変わらない。次に逢ったときのために、こころの準備をしておこう。

そしてそのときがきた。

いつものようにお金が話題にのぼる。

「ねえ、あの、もしかしたら拝金主義でいらっしゃるの？」わざとていねいに上品に、あなたは訊く。

「拝金主義？　それ、どういうこと？」とLさんの表情がきつくなる。

「お金を尊敬する考え方よ。現代人に多いらしいわ。デジタル的なのね」とあなた。

現代人に多くデジタル的というフレーズにLさんは救われて、「まあね、ちょっとそうかもね」とうなずく。

「私はアナログなの。お金のかわりにこころを使って楽しく暮らせないかなってことばかり考えてる」とあなた。

今度はLさんが言葉を失う番だ。

「お話を伺ってると、私とは東と西くらい違うのよ。きっと私の生き方ってバカみたいに見えるでしょう?」とあなた。

「そんな。だって私……」とLさん。しどろもどろ気味。あなたに何も言い返せず、モゾモゾ。いつもの彼女とは別人のようだ。

誰かと競争しようとせず、対抗心を燃やすこともなく、自分は自分のペースで自分の道を歩いていく。

あなたのその生き方の徹底ぶりが、言い返す力としてオーラを放つのだろう。

6　仕事をしていることをハナにかける

パリッとしたスーツ姿が似合うMさん。会社に勤めている関係でいつも時間に追われ、忙しそう。

ママ友が集まって、美術館に行く計画を立てたが、Mさんは不参加。

「申し訳ないけど、その日はうちの大々的なプレゼンテーションがある日でね。社運がかかってるのよ」とMさん。

なぜか「私は参加できないわ」とひと言では済ませず、「その日は会議があるから」「その日は社員旅行があるから」「その日は社長を囲む会があるから」と必ず重々しい理由を添えて、「参加できません」と言う。

そのたびに周囲からは「家庭と仕事を両立させるなんて私にはマネできないわあ」という声。

ママ友の集まりに珍しく姿を見せても、雑談のようなお喋りがつづくと不快感をあらわにする。「それで、結論はどうなるの？」とせっつく。

「お忙しいんでしょう？　でもいつもキレイでカッコよくて、憧れちゃうわ」とあなた。

「あら、会社ではこれが普通よ」

あなたの言葉に悪い気はしないが、それでも専業主婦への偏見がチラつくMさんだ。あなたに対してもどこか上から目線の話し方をする。

「いいわねえ、時間に縛られなくて。家事だけだったら失敗しても謝ればそれで済むじゃない？　人間関係だって単純だし、プレッシャーもないし」とMさん。

「あら、プレッシャーはあるわよ。人間関係だってやっかいだし」とあなた。

「でも、営業上のかけ引きなんてないでしょ？　あ、ずっと専業主婦？　じゃあ、わからないかもしれないわね」とMさん。

自分だけが社会の現場に詳しいのだとでも言いたげな口調だ。傲慢な態度がハナにつく。

「そうなの。専業主婦だけやってるとわからないことばっかり、よろしかったらMさん、いろいろ社会のことを教えてください」とあなた。

「教えてと言われても困っちゃうけど」とMさん。

「子どもを教育する親として、将来を考えると何が一番大切ですか？」とあなた。

「ヤダ、そんなこと訊かれても問題が大きすぎるわよ」とMさん。

「でも主婦だけの暮らしだと視野がせまくなって、今日は今日のことで手いっぱい。それって危険だと思うので、専業主婦に不足しがちなものは何か、教えていただけたらうれしいです」とあなた。

「そうねえ、今ある社会はしょせん男社会だから、将来を変えるにはお母さんが変わることかしらね。お母さんが変われば社会は変わるわよ」とMさん。

「スゴイ！　やりがいあるわね。じゃあ、お母さんたちはどういうふうに変わればいいのかな？」とあなた。

「私たちが頑張るしかないんじゃない？」とMさん。

酢と油のように違和感たっぷりだったあなたとMさんだったが、会話をしながら、いつのまにかフレンチドレッシングになってしまった。

あなたの真っすぐな話し方が、Mさんの虚勢を剝がしたのである。

日々の生活をしながらそれぞれのママ友がそれぞれの境遇の中で、それぞれの頑張りを強いられているのだ。

言い返す力によって、互いの心構えと頑張りを知り、違いを受け入れることによってそれぞれが寛容になれたら、間違いなく社会は楽しく変わっていくだろう。

第七章

職場編

1　繰り返される客からのクレーム

スーパーマーケットのパートの仕事についたあなた。

レジを担当したり、インフォメーションでアナウンスをしたりする。

最初はひたすら緊張していた。客の顔を見る余裕はなく、ただただ全力投球。

やがて少しずつ慣れてきて、「いらっしゃいませ」「またお越しください」の声も元気に明るく言えるようになり、面白さが増しつつある。

最近では苦情の対応もあなたの仕事になった。今日も今日とて、クレームがあった。

「あのね、さっきいただいた玉ねぎの袋の中にひとつ傷ものがあったのよ」と客。

「申し訳ありません。お取り替えいたします。恐れ入りますが、レシートをお持ちでしょうか？」とあなた。

どんな顔なじみの客でも、レシートをチェックするようにと店長から言われているのだ。

　別のシーン。また同じ客だ。

「電池の単三と単四を間違えちゃったのよ。交換してもらいたいんだけど」と客。

「いつお求めいただきましたか？」とあなた。

「先週だったかしら」と客。

「相済みません。レシートをお持ちいただかないとお取り替えはいたしかねますが」とあなた。

「あら、冷たいのね。使うまで気づかなかったので今日になっちゃったのよ」と客。

「申し訳ございません。手前どもの店では、それが決まりになっておりまして」とあなた。

「手前どもの店では」というへりくだった言い方に、相手も気を荒立てずに引き下がった。

　またある日。人参《にんじん》の三本入りパックを、店内用バスケットに忘れたまま帰った客がいた。

　翌日、その客が現れた。例のあの客だ。

「はい。確かに人参の忘れものがございました。レシートをお持ちですか?」とあなた。

「忘れものにもレシートがいるの?」と客。

「はい、決まりですので。次回からはレシートをお持ちください」と言いながら、あなたは客に人参を渡す。

「ということは、私がウソをついて人参を泥棒しようとしてるって思ってるの?あなたは」と客はカンカンだ。

「いえいえ、そうじゃございませんが、念の為《ため》」とあなた。

「念の為?それどういう意味?店長を呼んでよ。頭にくるわ、その言い方」と客。

最終的には店長が謝り、客は人参を抱えてにこやかに帰っていった。

あなたとすれば、店の規則を守っただけだが、客が怒る気持ちもわからなくはない。自分が客だったら、同じくムッとするはずだ。

次の週、人参の忘れ物をした客を店内で見かけた。あなたはスッと彼女に近寄り、「先日は失礼いたしました」と挨拶した。

客は、一瞬何事かと不審顔。しかしすぐにわかって笑顔になった。

「あら、ごていねいにありがとう。いいのよ、忘れものをした私が悪いんだから。これからは気をつけるわ」と客。

以後、あなたとその客は急速に親しくなり、良好な関係になった。

どんな状況のどんな出逢いにも可能性が潜んでいるのだ。

見知らぬ人からクレームがつき、滔々《とうとう》と言い返される場面でも、ていねいさに優《まさ》る対応はない。

クレームは怖くないのだ。相手の主張に耳を傾け、相手の要求を聞く。気持ちを想像する。どこに折り合えるポイントがあるかを探し出す。

会社の規則十カ条には書かれていないこと、誰も教えてくれないことの中にヒントがあるのだ。あなたが自分のまごころを、相手に気前よくていねいに伝えようと努力すること。それがすべてである。

2　無理な出勤や残業を求められた

デパートの食料品売り場。

贈答品が動くシーズンだ。売り場対売り場で、競争の火花がバチバチと激しい。

あなたは上がりの時刻を気にしながら、せっせと接客中だ。

そこに売り場の主任から呼び出しがかかる。

「Nさんがね、風邪で寝込んじゃったんだよ。すまないけど、四時間延長してもらえる？」と主任。

あなたがパートの仕事を選んだのは、時間の区切りがハッキリしているからだ。

会社勤めの頃は無理な出勤や残業が多く、あなたはそのたびに断れずにズルズルと頑張ってしまい、体調を崩すこともしばしばだった。

「主任、私も予定が入ってるんですが」とあなた。

「わかってるよ、そうだろうとも。でも、頼む！　ここは何とか助けてくれよ。

お願いだから」と主任は頭を下げ、両手を合わせた。

　彼の困り具合を察すると、あなたは苦笑しつつうなずくしかなかった。

　夕方、子どもを保育園に迎えにいかなければならないのだが、夫は出張でいない。近所に住む実家の母に電話をした。

「お願い。ごめん、頼むわ」とあなた。

　次の週、またまた主任があなたを呼んだ。

「悪いけど、週末の休み返上してくれない？　Ｏさんが急に退職することになってね」と主任。

「でも私には予定があって、無理です」とあなた。

「その分、必ずどこかで埋め合わせするから。このところ借りばかり作って本当にごめん。ちゃんと上にも報告するから」と主任。

「でも……」とあなた。

「ありがとう！　頼りになるのは君だけだ。恩に着るよ。みんなちゃらんぽらんでさ。さすが、以前貿易会社に勤めていただけのことはあるね」と主任。

「いいですよ」と言わせるために、過剰に褒められているとは知りながら、久しぶりに持ち上げられ、あなたは内心ニヤリだ。

けれどこれが限界。これ以上主任にいい顔をするのはよそう。次は絶対に断ろうと、自分に誓った。

二日後。

「あ、ちょっとちょっと」と主任があなたに手を振っている。きたぞ、とあなたは身構えた。

「君ねえ、来週の棚卸しね、手が足りなくて困ってるんだ。残業してもらえない？」と主任。

「今回はお断りします」とあなた。

「そこを何とか」と主任。

「何とかはナシです。正社員とパートの役割はもともと違いますよ、主任。パートにはパートの特権があります。時間通りに出勤して時間がきたらおしまい。パートに頼るより正社員を増やしたらいかがですか？　あるいはパートの時給をアップするとか。

取りあえずの応急処置ばかりやっていると、今に外科手術をしなくちゃならなくなりますよ」とあなた。

主任は絶句。次のセリフが出てこない。

「社会の仕組みがギシギシと軋《きし》んでいるんですよ。どこかから変わらないと、今に社会はガタガタになっちゃうんじゃないでしょうか」

あなたは、主任にガバッと言い返そう。パートの仕事は、会社という組織の都合に左右されることはない。やるべきことをやればいいのだ。

その特権を活かし、機会あるごとに発言しよう。そのひと言が積もり積もって、社会に影響を与えていくのだ。

3 上司と職業観が異なる

ドレスや帽子、アクセサリーなどを置くブティック。

店員はあなたひとり。

店長Pさんの商売スキルは凄《すご》い。

「まあ、よくお似合いですねえ。お客さまのためにデザインされたようなワンピースですねえ」とPさん。

あなたの眼には、太ったからだが余計太って見えるデザインの服なのだが、Pさんは作り笑いを混ぜながら押しの一手で、「それじゃあ、いただくわ」のひと言を勝ち取る。

弁舌さわやか、表情ゆたかなPさんの接客をマネしたくても、あなたには到底できない。

「どうしてあんなことが言えるんですか?」とあなた。

「だって仕事だもの。仕事はきわめて現実的よ。商品を売ってナンボの世界じゃない？」とPさん。

「でも相手をその気にさせるためとはいえ、よくウソがつけますね」とあなた。

「ウソっていうより急所に働きかけるのよ。太った人には痩せて見えるって言ってあげるの。反対に痩せた人には元気そうに見えますよって。たとえそう見えなくてもね」とPさん。

あなたはそういうところに抵抗を感じるのだ。

「喜ばせるのよ。女ごころをくすぐって。それって悪いこと？」とPさん。

あなたは彼女の職業意識と職業観に圧倒されっぱなしだ。

あなたとしては、キレイなものが好き、おしゃれが好きという理由で今のブティックに勤めたのだ。

Pさんはたくましい。

ちょっとのことではへこたれない。

「あなたは甘ったれているのよ。もっとしっかり生きなくちゃダメよ。苦労が足りないわね。私みたいに生きるか死ぬかなんて経験していないんでしょ？」とPさん。

あなたは素直にうなずく。

「お客はみんなカボチャだと思えばいいのよ。とにかく彼女たちにペコペコせずに強引にアプローチするの。相手は迷ってる。どれが自分にピッタリなのかわからなくてアドバイスが欲しいわけよ。そこで私が、黄色って難しいのによくお似合いですねえと言う。そのひと言で彼女のこころは決まる。あなたは人間の心理がわかってないのよ」とPさん。

確かに彼女の言い分は理にかなっている。

しかしあなたの考え方は違う。

仕事をすることに誇りを持ちたいのだ。あなたの場合、商品を売るのではなく技術を売ることで、その誇りは得られるのかもしれない。

あなたは考える。自分は美しいものに魅せられる傾向がある。そういえばエステティックにも興味があったっけ。

これまでは漠然とした関心にすぎなかった。しかしPさんと出逢い、彼女の職業観を知ることで、自分の中のぼんやりしたものがだんだん具体的になってきたのである。

そうだ、エステの勉強をしよう!

あなたの言い返す力は、Ｐさんにぶつけるのではなく自分自身に向けられた。職業観が異なる上司と出逢うのはラッキーだ。それをきっかけに、潜在イメージをノックして、自分が何を求め、どんな生き方をしたいのか、あらためて自分自身に問いただすことができるからだ。

あなたはＰさんのやり方のような仕事はできない。けれどＰさんにはできないやり方の仕事ができる。

Ｐさんが標準ではない。

あなたにとってはあなたが標準だ。

転職しよう！　エステティックの技術を取得すべく、あなたは学校を調べはじめた。

言い返す力は、あなたに自問自答をさせ、あなたを新しい行動へと導いたのだ。

4 同僚が何でも〝笑い〟でごまかす

笑顔は泣き顔よりも評価が高い。

周囲の人たちのこころを和ませるからか、とにかく古くから「笑う門には福きたる」などと言われ、TVコマーシャルは笑顔一色。スマイル人気はとどまるところを知らない。

しかし、笑えばいいっていうものじゃない。笑い方にもいろいろある。

「私ってさ、男っぽい性格なのよ。ガッハハハ」と笑うのは同僚のQさんだ。

「ランチはダイエット食でいこうかな。ヘッヘッヘ」「新しい靴はいたら痛くって痛くって。フッフッフ」と、フレーズの終わりを何かしらの笑いで締めくくるのが、彼女の口グセである。

「あら、書類まだできていないの？　ケタケタ」とQさん。

「あ、ごめんなさい。あと十五分で終わります」とあなた。

オフィスではしょっちゅう笑っているQさんだが、いつか帰りの地下鉄で見かけたQさんの横顔は、暗かった。

なにかこころに秘めたことがあって、それを隠すためにわざと明るく元気に振舞っているのでは、とあなたは気になる。

ある日、あなたは訊いてみた。

「Qさんって、いつも朗らかでいいなあ」とあなた。

「あら、そうお？　ケタケタ」とQさん。

「どうしていつもそんなに笑えるの？」とあなた。

「どうしてって訊かれても答えられないわ。笑いたいから笑うのよ、ガッハハハ」とQさん。

けれどやっぱりあなたはQさんの笑い方にわざとらしさを感じる。

なんだか笑い方を理性でコントロールしているような。

あなたの耳には彼女の笑い声が心底から発せられたものとは思えず、人工的なもののように感じられるのだ。

彼女は、話をそらしたり、質問をはぐらかしたりするときにも派手に笑う。

「あのね、私、会社に改善してほしいことがあるんだけど」とあなた。

「ああ、その手の話は上に言って。私には何もわからないから、ハッハハハ」とQさん。

「えっ？　Qさん、何がおかしいの？」とあなた。

「あら、別に、だってあなたが……ハッハッハ」とQさん。

「失礼よ、その笑い方。私が真剣に話しているのに、ヘラヘラ笑うなんて」とあなた。

「ヘラヘラ笑うなんて」がグサッとQさんに刺さった。彼女はもう笑わない。笑えなくなったのだ。

「あなたって笑わない顔もステキよ。無理して笑わないほうがいいと思うわ。せっかくのあなたの知的な表情が、笑いに隠れてもったいないわよ」とあなた。

「………」

黙ったままのQさん。唇を噛みしめ、泣き出しそうだ。

「ごめん、ごめん。きついこと言っちゃって。でももう〝笑い〟のボディーガードは解雇しなさいね。私がボディーガードになってあげるから」とあなたはQさんの肩を抱き、オーバーに揺する。友情の見せどころだ。

〝笑い〟についてはもうそれ以上話す必要はない。

フレンドリーな言い返す力は、さっぱりしたテイストの言葉と、ほっこりしたしぐさが基本だ。相手はあなたの一撃を受け、次には友情に包まれ、はじめて本物の〝笑い〟を自分の中に感じているはずだ。

5 プライベートな話題にまで踏み込んでくる取引先の課長

　取引先の課長は初対面のときからあなたに好意的だった。すぐにケイタイの番号を教えてくれ、「何か緊急のことや困ったことがあったら連絡してください」と言った。打ち合わせの席でも、あなたが首をかしげてわからない表情をすると、すぐに資料を見せてくれる。

　部下からも慕われていて、将来有望との呼び声が高い。あなたは仕事上は頼りになる人だと一目置いているが、それ以上の感情はない。

　ある日、課長があなたに訊いた。

「あの、立ち入ったこと伺うけど、別居中だって噂、ウソでしょう?」と彼。

「ン? 何のことですか? プライベートと仕事とは関係ないと思いますが」とあなた。

「失礼、失礼。そうだよね。いろんな噂が入ってくるんでね。心配になって」と彼。

「まあ、恐れ入ります。プライベートは立ち入り禁止区域なので、地雷もありますし」とあなた。

ユーモアを込めて微笑みながら、あなたは言い返した。

課長はうなずく。

しかし問題は、そこで会話がプツンと途切れてしまうことである。

どうでもいい相手ならプツンでもいいが、仕事上これからもつきあっていかなければならない間柄の場合は、できるだけゆるやかな雰囲気で現状維持といきたい。とはいえ、プライベートの話題への揺りもどしは厳禁。

それには、まったくかけはなれた話題に切り換えることだ。

「課長、オードリー・ヘプバーンってご存じですか？」とあなた。

「もちろんだよ。細くて眼がでっかくて、妖精みたいな女優だろ？」と課長。

「彼女がハリウッドデビューしたとき、こんな話があるんですよ。当時ハリウッドにはすでに大物スター、キャサリン・ヘプバーンという女優がいたので、混同されてはまずいからと映画会社が姓を変えてはどうかと提案したんだそうです。

するとオードリーはきっぱり断り、本当に自分を望むのなら、名前ごと受け入れていただきたいと回答したんですって。立派ですよねえ」

「言うなあ」

「彼女の毅然とした態度、すごく魅力的ですよね。強い力に左右されず、言うべきときは凛《りん》と自分の意見を言う。私もそうありたいです」

オードリー・ヘプバーンにかこつけて、あなたの意見を伝えよう。

課長はあなたにもともと関心があり、だから噂をきっかけにあなたと会話をしたかったのである。

ところが会話下手な日本男性の多くは、親しさと馴れ馴れしさの境界線がつけられず、すぐに馴れ馴れしさエリアになだれ込み、課長のようなヘマをやらかす。

会話が途切れて、二人とも動きがとれなくなったとき、あなたは第三者を登場させて会話にエンジンをかけた。

今回、その第三者はオードリー・ヘプバーンだった。

課長は発言しやすくなり、話も弾む。二人が逢ったことがない人物で名前を知っている誰かをサカナにして、会話するのだ。

「男優の誰かが言ってたそうですよ。他の女優が相手役だと、彼女たちがどんな芝居をするか大体想像できるものだけど、オードリーだとそうはいかない。テニスの名プレイヤーみたいに打ち返してくるショットが毎回違うからねって。だから彼女と共演した男優たちは、他の作品では絶対に見せたことのない表情や動作でリアクションしちゃうのでしょうね」

「鋭いねえ。あなたは博識だなあ。何か映画とかコンサートとかいいのがあったら教えてくださいよ」と彼。

職場で感じのいい出逢いがあったら、大事にしよう。念入りに周囲を見まわせば、話題は無数にある。

チャーミングに言い返せるようになるためにも男と女が会話で切磋琢磨《せっさたくま》して、カッコよく成長したいじゃないか。

参考文献　『オードリー・ヘップバーン物語（上）』バリー・パリス著、永井淳訳、集英社文庫、二〇〇一年

6　家庭のゴタゴタの相談を持ちかけられた

ランチタイム。

同僚に呼びとめられた。

「ちょっと十五分くらい、話を聞いてくれる?」とRさん。

彼女の表情から十五分は三十分にはなるなと感じたが、「いいわよ」とあなたは応じた。

近くのピザ専門店へ。

「実はね、夫の母のことなのよ。今度介護施設に入れることになったんだけど、長男の嫁として、私は親戚から非難されないかしら……あなた、どう思う?」とRさん。

「すぐには答えられないわ。でもお義母《かあ》さん、ご病気なんでしょ?」とあなた。

「そう、だから医療設備の整ったところを探して、順番を待ってやっと空きが出たの」とRさん。

「そんなに一所懸命介護して、なぜ非難されるの？」とあなた。

「だってみんな言うじゃない？　陰でいろいろ。息子がいるのに、きっと嫁が冷たいんだろうって」とRさん。

「もしそんなふうに悪く言う人がいたら、言わせておけば？」とあなた。

「イヤよ。非難なんかされたくないわよ。私たちの生活を切りつめて、義母《はは》のために尽くしてるのに」とRさん。

「じゃあ、あなたはどうしたいの？」とあなた。

Rさんはうつむく。

「どんなにあなたが一所懸命頑張っても、悪く言う人は言うものよ。その人たちのことを気にしてたら何もできないわ」とあなた。

Rさんが真面目で一途な性格だということをよく知っているあなたは、彼女に言い返す。

「あなた、もしかしたらこれまで頑張った分を世間の人たちに認めてもらいたいんじゃないの？　きちんと評価されないまま非難されるなんて、割に合わないって考えてない？」とあなた。

「弟の嫁なんか、何もしないのよ。言いのがれの達人でね。私はいつも損ばかりしちゃう」とRさん。

「いいじゃないの。いろいろ体験できたと思えば。大人レッスンの超過激コースを与えられたと考えるのよ」とあなた。

あなたは彼女に提案する。

「自分を誰も褒めてくれなかったら、鏡に向かって、『よくやってる！　偉い！』と自分で自分を褒めるのね」とあなた。

Rさんはあなたに言い返されて、ハッとした表情を浮かべる。

「そうか、私、褒められたいんだ。認めてほしいのよ。私の悩みとか不安とかを誰かにわかってほしいの。夫は何も聞いてくれないし、そう、そうなのよ」とRさん。

「ゴタゴタなんかどこの家庭にもあるものよ。家庭にゴタゴタはつきものなんじゃない？

人間って、みんな自分のドラマを生きてるんだと思うの。

誰の一生もが一本のドラマ。どれも名作。あなたのドラマも私のドラマも、楽しいことだけじゃなく山あり谷あり。お義母さんのこともそう。あまり深刻に考えないでね」とあなた。

生きる道で出逢うさまざまな人やできごと。それはどれも不思議としかいいようのないものばかり。

すべての出逢いがギフトだと思っていいのだろう。

ギフトを通じて、人は成長していく。

ひとつ言い返しては一歩前進。ひとつ言い返されては一歩前進。それによって、こころは循環し、かわいい大人へと育っていくのだ。

おわりに

十三歳のとき、『赤毛のアン』を読んで興奮した。主人公アンの〝言い返す力〟の見事さにしびれたのだ。

そうか、怒るって恥ずかしいことじゃないんだ。堂々と怒っていいのか、言い返していいのか、言い返さなくちゃいけないのか。

未知の世界のドアを開けた気分だった。

とにかくアンはこころに「痛ッ！」と感じると、それを我慢したり握りつぶしたりは絶対にしない。

教室で同級生の男の子が、アンの赤毛を「ニンジン！　ニンジン！」とからかったとき、彼女の怒りは噴火した。

近所の口さがない大人の言葉に向かって、正面から「私のことを痩せっぽちでみっともないなんて、よくも言ってくれたわね！」と言い返した。

ムカッときたら、まさに速攻一撃だ。

しかし怒るだけのアンではない。自分が相手の言葉のどこを失礼だと感じたのか、それについてもきちんと説明するのだ。

アンの一所懸命ぶりに、相手は「なるほど、もっともだ」と納得し、自分の過ちに気づく。そして不思議なことに、そのプロセスで、いつのまにか率直なアンという少女が好きになってしまうのだ。

私はアンを尊敬した。

同時に、〝率直さ〟も尊敬した。

アンのように〝率直さ〟を大切にして生きたいと思った。

しかし大人になり社会に出ると、ビックリの連続だった。

まず〝率直さ〟なんて鼻でフフンと嗤《わら》われる。子どもっぽさと同義語の扱いを受けるのだ。

「それじゃあ、損をするよ」

「もっと大人にならなくちゃダメだよ」

私はムカッときた。でもアンみたいに勇ましくなかった。それどころか、言葉がどこかへ飛んでいってしまって、私は黙ることでしか抵抗できなかった。

あらためて『赤毛のアン』を想い出した。

アンが怒りを感じるのは、彼女の人間性を無視されたとき、プライドを傷つけられたときだ。

それってアンでなくても、普通の大人だって感じて当然なのじゃないだろうか。でも大人になると、自分はもう大人なのだからって堪忍袋の中に怒りをしまい込み、とがめだてを放棄して暮らすことがあたりまえになっているらしい。

ヤダ、ヤダ、そんなのは大人じゃない！　単に子どもが老けちゃっただけだ。大人になったら、自尊心もまた成長し、大人サイズになるはずだ。ムカッときたら、その反応は自分の個性の声なのだ。粗末にしては自分に失礼だ。

そもそも自尊心という貴重品は、誰かに預けたりできないし、誰かに守ってもらったりするのは無理なのである。自己管理による自己責任なのだ。

私は大人になって、もうかなり長い。

その道すがら気づいたのは、生きるって、〝言い返す力〟のスキルを磨く旅だということである。

社会を変えるために革命が必要な場合もある。だが、これからのニッポンでは革命をしなくても一人ひとりの女が〝言い返す力〟を持つことで、社会は十分変えられる。

男たちは実は案外その日を待っているのかもしれない。

そうなれば初めて男と女が対等に言葉のボールを投げあえるようになるわけで、男たちはこれまでの歴史上ありえなかったくらいの成長が見込めるに違いないのだから。

〝言い返す力〟は、男と女、人と人を隔てた壁を壊す、美しい力なのである。

八坂裕子

本書は、二〇一二年三月、ＰＨＰ研究所より刊行されました。
本文デザイン／木村典子（Balcony）

集英社文庫　目録（日本文学）

集英社文庫　目録（日本文学）

安田依央　たぶらかし
安田依央　終活ファッションショー
柳澤桂子　愛をこめいのち見つめて
柳澤桂子　生命《いのち》の不思議
柳澤桂子　ヒトゲノムとあなた
柳澤桂子　すべてのいのちが愛《いと》おしい 生命科学者から孫へのメッセージ
柳澤桂子　永遠のなかに生きる
柳田国男　遠野物語
矢野隆　蛇衆
矢野隆　慶長風雲録
矢野隆　斗《とう》棋《ぎ》
山内マリコ　パリ行ったことないの
山川方夫　夏の葬列
山川方夫　安南の王子
山口百恵　蒼い時
山﨑宇子　ラブ×ドック

山崎ナオコーラ　「ジューシー」ってなんですか？
山田詠美　メイク・ミー・シック
山田詠美　熱帯安楽椅子
山田詠美　色彩の息子
山田詠美　ラビット病
山田かまち　17歳のポケット
山中伸弥 畑中正一　ひろがる人類の夢 iPS細胞ができた！
山前譲・編　文豪の探偵小説
山前譲・編　文豪のミステリー小説
山本一力　銭売り賽《さい》蔵《ぞう》
山本一力　戌《いぬ》亥《い》の追《おい》風《て》
山本兼一　雷神の筒
山本兼一　ジパング島発見記
山本兼一　命もいらず名もいらず(上) 幕末篇
山本兼一　命もいらず名もいらず(下) 明治篇
山本兼一　修羅走る 関ヶ原

山本文緒　あなたには帰る家がある
山本文緒　ぼくのパジャマでおやすみ
山本文緒　おひさまのブランケット
山本文緒　シュガーレス・ラヴ
山本文緒　まぶしくて見えない
山本文緒　落花流水
山本幸久　笑う招き猫
山本幸久　はなうた日和
山本幸久　男は敵、女はもっと敵
山本幸久　美晴さんランナウェイ
山本幸久　床屋さんへちょっと
山本幸久　GO！GO！アリゲーターズ
唯川恵　さよならをするために
唯川恵　彼女は恋を我慢できない
唯川恵　OL10年やりました
唯川恵　シフォンの風

集英社文庫

言《い》い返《かえ》す力《ちから》 夫《おっと》・姑《しゅうとめ》・あの人《ひと》に

2018年10月25日 第1刷 定価はカバーに表示してあります。

著 者 八坂裕子《やさかゆうこ》

発行者 徳永 真

発行所 株式会社 集英社

東京都千代田区一ツ橋2-5-10 〒101-8050

電話 【編集部】03-3230-6095

【読者係】03-3230-6080

【販売部】03-3230-6393(書店専用)

印 刷 図書印刷株式会社

製 本 図書印刷株式会社

フォーマットデザイン アリヤマデザインストア マークデザイン 居山浩二

本書の一部あるいは全部を無断で複写複製することは、法律で認められた場合を除き、著作権の侵害となります。また、業者など、読者本人以外による本書のデジタル化は、いかなる場合でも一切認められませんのでご注意下さい。

造本には十分注意しておりますが、乱丁・落丁(本のページ順序の間違いや抜け落ち)の場合はお取り替え致します。ご購入先を明記のうえ集英社読者係宛にお送り下さい。送料は小社で負担致します。但し、古書店で購入されたものについてはお取り替え出来ません。

© Yuko Yasaka 2018 Printed in Japan

ISBN978-4-08-745802-2 C0195